ネイティブはこう使う！
マンガでわかる
前置詞

デイビッド・セイン

西東社

はじめに

　日本語でも英語でも、会話の中に難しい単語を使う必要はありません。難しい表現を使うよりも、簡単な単語を使ってシンプルに表現するのが英会話上達への第一歩です。

　そこで重要になるのが前置詞。ぜひ本書で「all about 前置詞」を理解してください。

　まず、イラストで前置詞のイメージをとらえましょう。Part 1 では「時間」、Part 2 では「場所」を表す、似た２つの前置詞の違いをわかりやすく説明しています。Part 3、Part 4 では、誰もが知っている基本的な動詞に前置詞を組み合わせることによって、さまざまな意味が表せることを理解しましょう。

　また、愉快な３人組みがくり広げるドタバタを見ながら、フレーズの中で前置詞がどう使われるのかを無理なく理解できます。「なるほど」と思わずひざを打ったり、明日から使える表現に出会ったりすることができるでしょう。

　楽しんで学べば自然に知識は身につきます。本書が、前置詞を身近に感じ、英語をより楽しく簡単に覚える一助になれば、著者としてこれほどうれしいことはありません。

　なお、本書では前置詞への理解をより深めていただくために、副詞が出てくる箇所もありますが、コアイメージ（基本となるイメージ）は同じと考えて結構です。

　それでは健闘を祈ります。Good luck!

デイビッド・セイン

登場人物紹介
とうじょうじんぶつしょうかい

マイケル
翔太と葵の家にホームステイする
アメリカ人青年。通称マイク。
日本が大好きな忍者マニア。

翔太(しょうた)
英語を勉強中のサラリーマン。
実は、英語はちょっぴり苦手。

葵(あおい)
翔太の妹。英語が得意な大学生。
アメリカ留学を目指している。

『ネイティブはこう使う！ マンガでわかる前置詞』

もくじ

前置詞のビジュアル図解 ……………… 8
本書の使い方 ……………… 16

Part 1 「時間」を表す前置詞　19〜55

レッスン1	at 〜、in 〜 1時間で終わらせて！	20
レッスン2	in 〜、on 〜 ① 時間通りに到着したら…。	24
レッスン3	in 〜、on 〜 ② 朝から出発しよう！	28
レッスン4	in 〜、within 〜 1時間以内に出よう！	32
レッスン5	until 〜、by 〜 5時までずっと食べるの!?	36
レッスン6	from 〜、since 〜 2時からやってるんだ。	40
レッスン7	from〜to…、from〜through… 月曜日から金曜日までバイトなの。	44
レッスン8	during 〜、for 〜 4時間、長電話していたよ。	48
レッスン9	about 〜、around 〜 3時頃には行けるよ！	52

ネイティブがよく使う！ 前置詞を使った日常フレーズ① ……………… 56

Part 2 「場所」を表す前置詞　　57〜93

レッスン1	at 〜、in 〜 駅で待ち合わせるぞ。	58
レッスン2	on 〜、in 〜 ① 電車にマイクを置いてきた！	62
レッスン3	on 〜、in 〜 ② はいつくばって、けんかしてたんだ！	66
レッスン4	in 〜、into 〜 プールに飛び込め！	70
レッスン5	on 〜、over 〜 頭の上に髪が…！	74
レッスン6	to 〜、for 〜 庭のほうへ行ったよ。	78
レッスン7	away 〜、off 〜 バスから離れろ！	82
レッスン8	under 〜、below 〜 テーブルの下に…。	86
レッスン9	across 〜、through 〜 蛇が道を横切っている。	90

ネイティブがよく使う！ 前置詞を使った日常フレーズ② ……………… 94

Part 3 「動作」を表す前置詞（基本編） 95～155

レッスン1	**be in ～、be into ～** 超ハマるね！	96
レッスン2	**do with ～、do without ～** これで間に合わせなよ！	100
レッスン3	**come from ～、come under ～** 大阪出身の山口です。	104
レッスン4	**go well with ～、go against ～** どっちにも反対！	108
レッスン5	**speak against ～、speak for ～** 僕を批判するのかい？	112
レッスン6	**call for ～、call to ～** 誰かが助けを求める声が…。	116
レッスン7	**fall in ～、fall on ～** 恋に落ちたけど…。	120
レッスン8	**look to ～、look beyond ～** 将来に目を向けてる。	124
レッスン9	**stay in ～、stay with ～** 同僚の家に滞在したよ。	128
レッスン10	**keep to ～、keep at ～** 根気よく練習すれば…。	132
レッスン11	**break with ～、break through ～** ベンと絶交したんだって？	136
レッスン12	**get into ～、get at ～** 真実に気づいたのね。	140
レッスン13	**ask after ～、ask for ～** 彼の様子はどうだって？	144
レッスン14	**answer to ～、answer for ～** 説明しろ！	148
レッスン15	**agree to ～、agree with ～** 賛成です。	152

ネイティブがよく使う！ 前置詞を使った日常フレーズ③ ………… 156

Part 4 「動作」を表す前置詞(応用編) 157～209

レッスン1	live in ～、live under ～ カナダに住むんだ！	158
レッスン2	talk at ～、talk ～ into … 一方的に話してもだめだ。	162
レッスン3	be made from ～、be made of ～ チョコレートはカカオ豆から。	166
レッスン4	make at ～、make good as ～ 怪物が彼に襲いかかった！	170
レッスン5	turn on ～、turn off ～ 電気消すよ。	174
レッスン6	work on ～、work into ～ ピクニックの予定表作りに取り組もう。	178
レッスン7	run for ～、run against ～ 委員長に立候補するわ！	182
レッスン8	stand at ～、stand for ～ 「アイス買ってきて」という意味だ。	186
レッスン9	fight with ～、fight against ～ 動物たちと戦ったんだ。	190
レッスン10	open into ～、be open to ～ どこに通じてるんだろ？	194
レッスン11	hold by ～、hold to ～ 決めたことを守りなさい。	198
レッスン12	leave ～ to …、leave it at ～ これ君に任せるよ。	202
レッスン13	put ～ before …、put ～ behind … そのことは忘れよう。	206

ネイティブがよく使う！ 前置詞を使ったビジネスフレーズ ……… 210

前置詞から引ける索引 …………… 212
動詞から引ける索引 …………… 218

前置詞のビジュアル図解

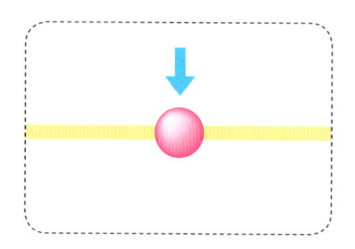

1. at
〜に、〜で

時間や場所の「地点」を表します。具体的な時や場所の1点だけでなく、幅のある時間や場所、抽象的なイメージを指すこともあります。

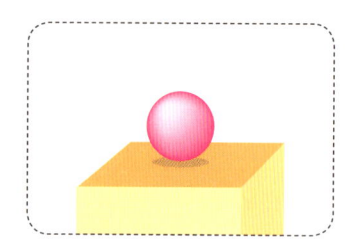

2. in
〜の中に、〜の中で

「周りを取り囲まれた場所／空間の中」を表します。「入れ物の中」のイメージで、物理的な空間以外にも抽象的な空間も意味します。

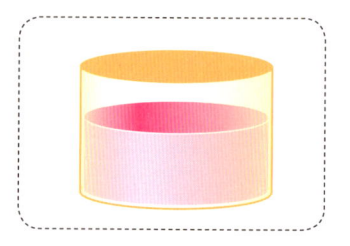

3. on
〜の上に、〜の上で

「何かの上に乗っている／面や線に接触している」イメージです。「上に乗っている」ことから「依存／支え」なども表します。

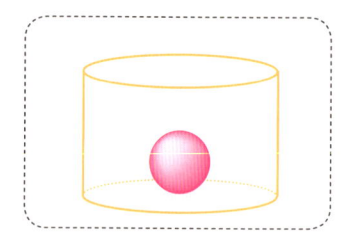

4. within
（範囲を超えない）うちに、〜以内に

近い意味のinとは異なり、入れ物の範囲である外壁（境界線）が明確です。場所や時間の範囲と共に抽象的なものの内側も表します。

本文で解説する前置詞のコアとなるイメージを一覧にまとめました。
イメージを理解すれば、前置詞の使い方をよく理解することができます。

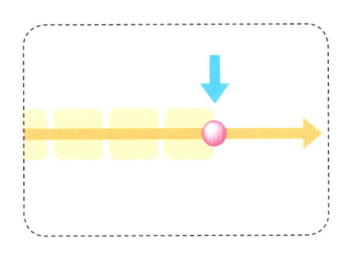

5. until

〜まで（ずっと）

継続している動作や状態が終了する時点を表します。そのため共に使われるのはcontinueやstayなど、継続の意味をもつ動詞です。

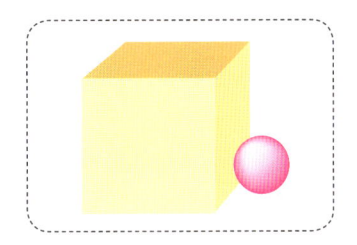

6. by

〜までに／〜のそばに／〜で

「そばに」の意味で、時間の場合、「時の1地点のそばで動作が完了する」という「期限」を表します。「手段／方法」の意味もあります。

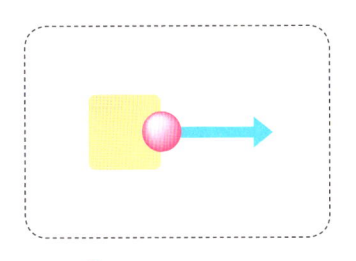

7. from

〜から

「起点／出発点」がコアイメージです。具体的な起点だけでなく、抽象的な起点➡「出身／材料／原因」なども表します。

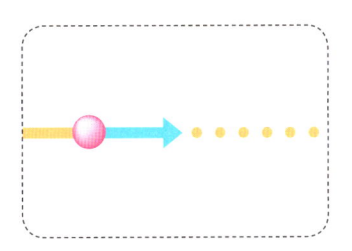

8. since

〜から、〜以来（ずっと）

動作や状態が過去の時点から現在まで継続している時間の幅を表します。現在・過去・未来の文に使えるfromとは区別しましょう。

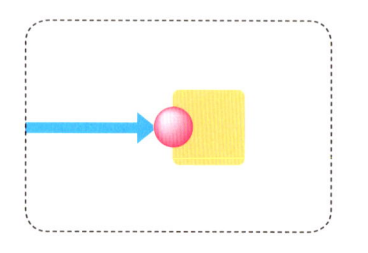

9. to

〜へ

「ある物が、対象／目的に向き合いながら進み、最終的に到達地点へたどりつく」イメージから目的、目標などの意味にもなります。

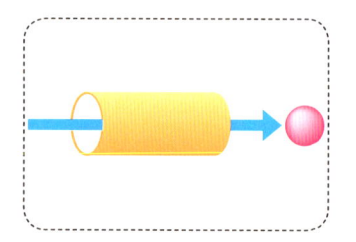

10. through

〜を通って、〜を通り抜けて

「立体的な空間の中を入口から出口まで完全に通り抜ける」イメージです。そこから、ある動作が「終了する」ことも表します。

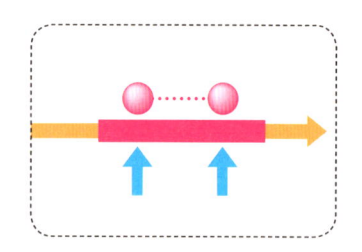

11. during

〜の間じゅう、〜の間に

「特定の時間内」を表し、後ろには「期間」を表す語句がきます。「その期間中ずっと」か「その期間の間のあるとき」の意味を表します。

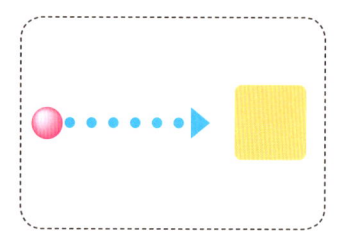

12. for

〜に向かって／〜の間／〜を求めて／〜のために・〜にとって／〜の代わりに

「方向」を表します。時間の意味では、数字をともなう「かかった時間」に重点が置かれます。「目的／利益・恩恵／代理」などの意味もあります。

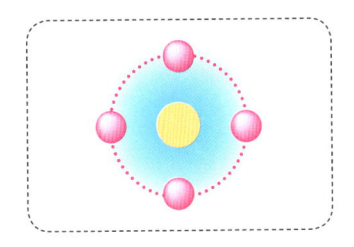

前置詞のビジュアル図解

13. about

~のあたり／およそ~／~頃／
~について、関して

対象の「周辺」を表し、そこから「およそ~／~頃」の意味が生まれます。「~について、関して」という「関連」の意味も表します。

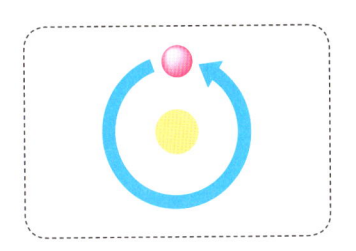

14. around

~を回って／~頃、~前後

対象の周りをぐるりとひと回りする「周囲」のイメージです。時間や数字で言えば「~頃、前後」漠然とした意味合いになります。

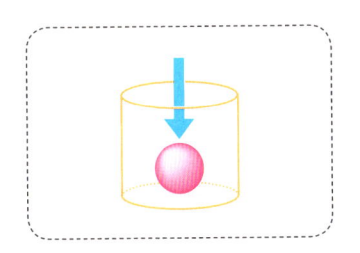

15. into

~の中へ／~へ変化して

inとtoを合わせた語で「空間の中への移動」を表します。抽象的な空間への移動も表し、そこから「変化」の意味になります。

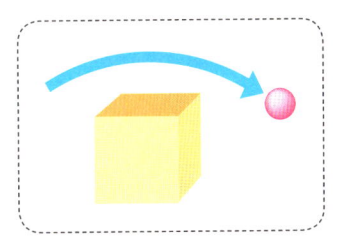

16. over

~の上方に／~を越えて

「下の物に接触しない上のほう」、または「弧を描くように対象の上を接することなく越えていく」イメージですが、「全体を覆う」イメージもあります。

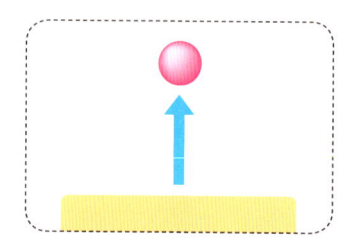

17. away

離れて

「距離的な意味合いで離れて」という意味です。起点を表すfromをともなうaway from ～は「～から離れて」を意味します。

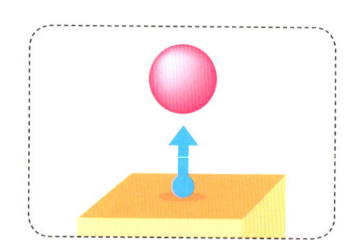

18. off

離れて

いったん接していた物が、一気に離れるイメージです。「分離」を表し、「接触」のonとは、反対の意味になる前置詞です。

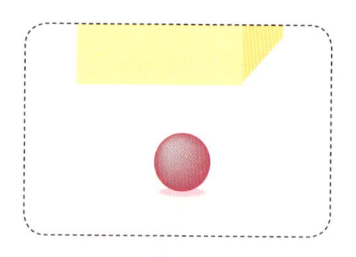

19. under

～の真下に／～に達していない／～の最中で

「何かに覆われている、その真下に」がコアイメージです。「～の下」から「達していない」や、「～の最中で」という意味も表します。

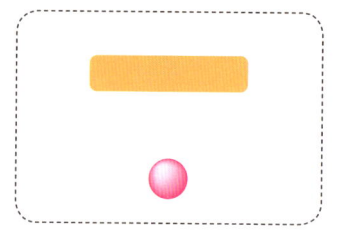

20. below

～より下の方に／～より下位に

基準やほかの物との比較における上下・高低の関係での「より下、低いほう」というコアイメージで、単なる「位置関係」を表します。

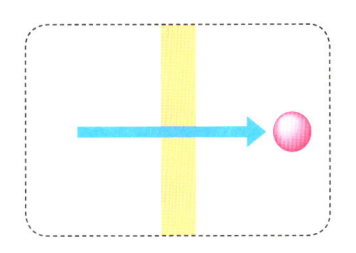

前置詞のビジュアル図解

21. across

~を横切って／~の向こう側に

「平面上をこちら側のA地点から向こう側のB地点まで、垂直に横切って」がコアイメージです。「~の向こう側に」の意味も表します。

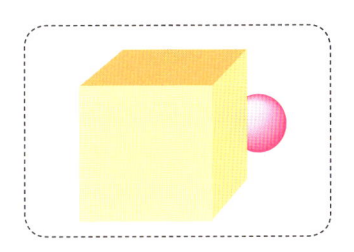

22. behind

~の後ろに／~を支持して

場所や位置関係での「~の後ろに、背後に」の意味です。また抽象的に「~の後ろに控えて／~を支えて」を表すこともあります。

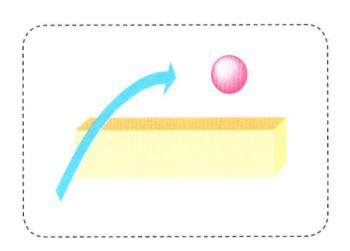

23. beyond

~を越えて／~に及ばない

「何かを越えた向こう側」のイメージです。具体的な時間や場所だけでなく、抽象的な「範囲／限界」を越えることも表します。

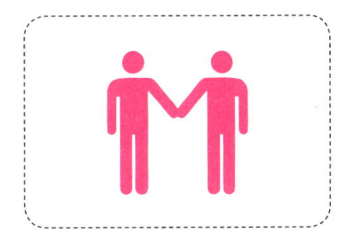

24. with

~と一緒に、共に／~を使って／~と、~を相手にして

「~と共に」の意味で「同調／同伴」がコアイメージです。「手段」の意味にもつながります。「対立」を表すこともあります。

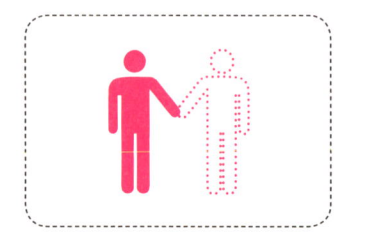

25. without
〜なしで、〜を持たずに

with「〜と一緒に、共に」をoutで否定する語です。「〜なしで、〜を持たずに」という、withとは反対の意味になります。

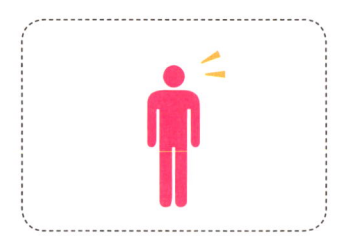

26. as
〜として／〜のときに、〜の頃に／〜のように

「誰か（何か）の役職／機能として」や、区切られた「（ある時間帯）のときに／〜の頃に」、「〜のように」という意味になります。

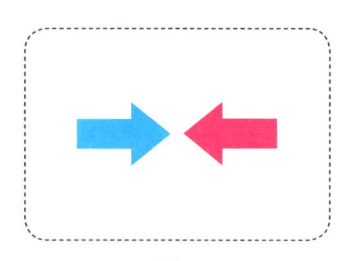

27. against
〜に反対して／逆らって

元の意味は「何かに逆らって力や圧力を加える」で「反対／対立」がコアイメージです。そこから「〜に反対して／逆らって」という意味になります。

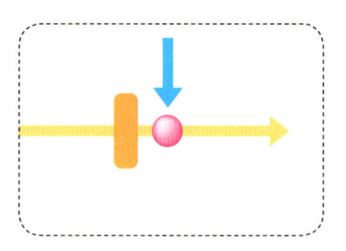

28. after
〜のあとに、後ろに／〜を追って、求めて

「〜のあと、後ろ」がコアイメージで、「時間や順序の後ろ」を表します。そこから「〜を追って、求めて」の意味も生まれます。

前置詞のビジュアル図解

29. of
〜の／〜からなる

非常に意味が多い前置詞ですが、一般的に「属性／関連性」を表します。そこから「材料／原因」の意味にもなります。

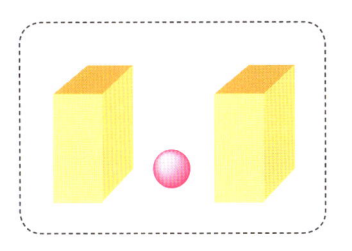

30. between
〜の間に

「2つ（2人）の間に／中間に」がコアイメージです。2者は人だけでなく、時間や数量、場所などになることもあります。

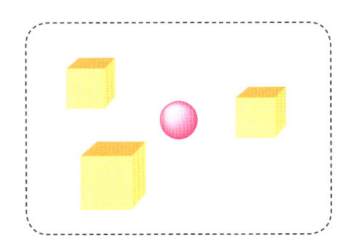

31. among
〜の間に／〜の中に、囲まれて

「同質のものに囲まれた」イメージで、「通例（3つ以上）の物に囲まれて、〜の中に／〜の間に」という意味になります。

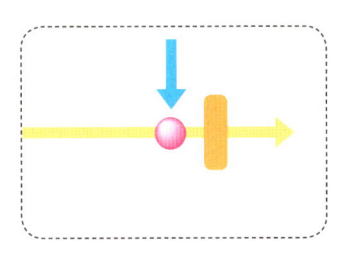

32. before
〜の前に／〜に先立って

時間や順序の前後関係での「前」がコアイメージですが、「場所」での「前」を表すことはほとんどありません。after「〜のあと、後ろ」と対になります。

本書の使い方

本書は、ネイティブがどんな感覚で前置詞を使うのか、マンガを読みながら、楽しく学習できるように構成しています。

1レッスンの基本構成

楽しみながら学べるマンガ

解説する前置詞の意味合いの違いが、マイクと翔太、葵の繰り広げる楽しいマンガで覚えられます。

レッスン 2 in〜、on〜①

時間通りに到着したら？

inとon、似ているようで核となるイメージははっきり違いがあります。inは「〜の中に」、onは「〜の上に」、それも「ピタリと接触している」イメージです。

Japanese always arrive in time for the meet-up time
(日本人はいつも待ち合わせ時間までに到着してるよね！)

マイクはのんびり屋だからいつも遅刻だよね

If you arrive on time, it's a miracle
(君が時間通りに到着したら奇跡だよ)

ごめーん、待った？

えへへ……ゴメン

あ？8時からテレビで「映画・突撃忍者教」をやるのか

こんな時ばっかり時間ぴったりに行動して…

まず、このレッスンの表現をマスター！

「違いをみてみよう！」では、このレッスンで紹介する前置詞や表現のコアイメージや使い方の違いなどを解説しています。

違いをみてみよう！ コアイメージをチェック！

arrive in time
時間に間に合う

inは「入れ物の中に」というコアイメージなので、arrive in timeは「(約束の時間」という…
到着する」と…
束の1時間前に…
分前に到着し…
「時間内に到着…
です。be in ti…
in timeは「時…

前置詞のイメージをビジュアルで理解！

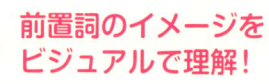

前置詞のビジュアルのイメージ図をアイコンで表示しています。前置詞のイメージを理解すれば、使い方の違いがよくわかります。

arrive on time
定刻に着く／時間通りに着く

onはあるものが完全に何かに「接触

理解を深めよう！

時間を表すfrom、si...
を使った表現を覚えよう

ステップアップした表現を学ぶ

「理解を深めよう！」では、前置詞を使ったさまざまな表現を解説しています。

from the age of 20
20歳のときから

20歳を起点にしてそこから→が離れていきますが、これが過去、現在、未来のいつのことを話しているのかはわかりません。逆に言えば、いずれの状況もあり得るということです。「20歳のときからアメリカに行くつもりである」（未来）も言えるし、「20歳のときからアメリカ（過去）とも言えるのです。

since the age of 20
20歳のときから（ずっと）

sinceは過去のある時点から現在へ→が向かっているこ...いるので、この場合は 20歳という過去の時点から現在に至る...や状態が継続している」ことを表しています。たとえば「20...ら今の会社で働いている」であれば、I have worked... company since the age of 20.（現在完了形）になります

図解入りでわかりやすい！

前置詞の図解も豊富に掲載しています。本文とともに図解を見ることで、より理解を深めることができます。

● from と since の違い

- since は「過去のある時点から現在までずっと」
- from は「起点」で、過去、現在、未来のどこでも使える

過去 — 起点(from) — since — 現在 ★ (from)(from) — 未来

レッスン6 from〜、since〜

...い from

...omは、単なる時間的な起点だけで... made from 〜は「〜から作ら...「原材料」を指します。Wine is ...の「ブドウ」を離れワインになっ...たということ。fromの場合はすでにブドウの元の形はありません。

Quiz 使い方が間違っているのはどっち？

① It has been raining since yesterday.
② My sister will study art since next year.

sinceは過去のある時点から現在に至るまでの「継続」を表し、「〜以来」という意味です。next year「来年」のように未来を表す文には使えません。
①「昨日から雨が降り続いている」②訳がおかしく訳すと「私の姉（妹）は来年から美術を勉強するつもりだ」

〔答え〕②

Quiz レッスン内容をクイズでおさらい

最後に、「Quiz」を解いて、このレッスンで学んだことを復習しましょう。

本書の使い方

付録

前置詞のイメージをビジュアルで理解!

巻頭には、本書に掲載したすべての前置詞の「ビジュアルのイメージ図」を掲載しています。イメージを理解することで、前置詞の使い方を応用できるようになります。

前置詞のビジュアル図解

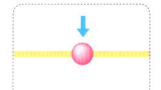

1. at
~に、~で

時間や場所の「地点」を表します。具体的な時や場所の1点だけでなく、幅のある時間や場所、抽象的なイメージを指すこともあります。

2. in
~の中に、~の中で

「周りを取り囲まれた場所/空間の中」を表します。「入れ物の中」のイメージで、物理的な空間以外にも抽象的な空間も意味します。

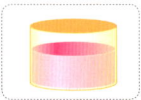

3. on
~の上に、~の上で

「何かの上に乗っている/面や線に接触している」イメージです。「上に乗っている」ことから「依存/支え」なども表します。

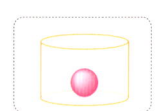

4. within
(範囲を超えない) うちに、~以内に

近い意味のinとは異なり、入れ物の範囲である外壁(境界線)が明確です。場所や時間の範囲と共に抽象的なものの内側も表します。

8

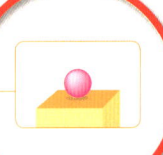

ン2 in~、on~ ①

った期間を表すので in を使
〇日」のようにある日にち

ビジュアル図解は本文とリンク!

Part 1 時間

ネイティブがよく使う表現もマスター!

章末には、「ネイティブがよく使う!前置詞を使ったフレーズ」を掲載しています。「日常フレーズ」「ビジネスフレーズ」を紹介しているので、ぜひいろいろな表現を覚えて使ってみましょう。

ネイティブがよく使う!
前置詞を使った日常フレーズ①

ネイティブ同士の会話では、だらだらと長い文にするよりも短い文をテンポよく言い、会話のキャッチボールを楽しむのがお約束。前置詞を使えばよりコンパクトな文ができあがります。

How's everything with you?
元気にしていますか?

久々に会った友人などにかける言葉。Pretty good / Not bad「元気だよ」のように答えられれば完璧です。I'm fine, thank you. では定番過ぎてちょっと冷たく聞こえる可能性もあります。

Same as always.
あいかわらずです。

「いつもと同じです」の意味から「あいかわらずです」になります。

I'm on a roll.
すべて順調です。

roll「転がり、回転」の上にピタリと乗っている、つまり波に乗っていること。順調な状況を説明するときの定番表現です。

18

Part 1

「時間」を表す前置詞

Part1では、atとin、inとon、fromとsinceなど、時間を表すもので使い方を間違いやすい前置詞を解説します。マンガを読みながら、マイクや翔太、葵と一緒に、楽しく学びましょう。

レッスン1 at〜、in〜
1時間で終わらせて！

atとin「〜に（で）」は時間を表す前置詞。atはat 1:00「1時に」のように時間の1地点を表し、inはin an hour「1時間で」のように広い範囲を表します。

家族になったからには家事も分担よ 頼りにしてるわ！

うん！

じゃあ早速！
Please finish cleaning the toilet in an hour!
（1時間でトイレ掃除終わらせて！）

ぴゅーーん

任せてよ！

1時間後

終わったよ葵！

さすが！じゃあ次は
Please finish cleaning the bathroom at 2:00!
（2時にお風呂掃除終わらせて！）

終わったよ葵…

じゃ次は…

フラー

コラ！調子に乗ってマイクを使い過ぎだぞ！

違いをみてみよう！ コアイメージをチェック！

finish cleaning **at** 2:00
2時に掃除を終わらせる

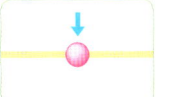

時を表すatの基本的な意味は、at 8:00「8時に」のように、「時の流れの中の1地点」です。He always finishes breakfast at 8:00.は「彼はいつも8時に朝食を終えます」という意味です。この場合は、atは地点を表すと同時にat night「夜に」のように幅のある時間も表すので、8時を中心とした少し前後の時間と考えられます。

finish cleaning **in** an hour
1時間で掃除を終わらせる

inの基本的な意味は、「周りを取り囲まれた場所・空間の中に」です。これは「入れ物の中に」ととらえましょう。1地点を表すatよりも広い範囲を意味します。I finish lunch in an hour.の場合、この「入れ物」にあたるのがan hour「1時間」です。「1時間という入れ物の中に」➡「1時間で昼食を終わらせる」となります。

理解を深めよう！ ワンランクアップ

時間を表す in、at
を使った表現を覚えよう

🖋 at the end
最後に

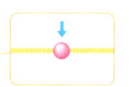

　時を表すatのコアイメージは「時の流れの中の1地点」です。at the end of the dayであれば、「1日が終わるある時の1地点に」を表します。He writes in his diary at the end of the day.は「彼は1日の終わりに日記を書く」という意味です。

🖋 in the end
結局／最後には

　at the endが「最後という時の1地点」→「最後に」を表すのに対し、幅の広い空間・時間の「入れ物の中に」を表すinを使ったin the endは「長い時間や継続的な出来事という一定の時間の最後に」を示し、「結局／最後には」という意味になります。In the end, he said yes.であれば、「結局、彼は承諾した」ということです。

🖋 in no time
すぐに／たちまち

　前ページで見たように、finish～in an hour「1時間で～を終える」は「1時間という入れ物の中で、時には少し越えて終える」という意味です。このan hourがno timeになると、「まったく時間がない中で」→「ただちに／たちまち」という意味になります。I can finish it in no time.は「それはすぐに終わらせることができる」という意味です。

レッスン1　at〜、in〜

時間ではない at の表現をみてみよう

at a discount
割引で

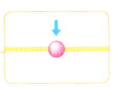

　価格には high price「高値／高価格」、low price「安値／低価格」などのほか、discount「割引価格」という表現もあります。at a high price「高値で」、at a low price「安値で」、at a discount「割引で」はそれぞれ価格の「ある1地点」を表しています。I'd like to buy it at a discount. は「それを割引で買いたい」という意味です。

Quiz

「〜のとき」を英語で言うと？

I came to Japan _____ the age of seventeen.

「私は17歳のときに来日しました」

　the age of seventeen「17歳」という年齢を「時間の1地点」ととらえるので、この場合は in ではなく at が正解です。My father passed away at the age of 74.「父は74歳で他界した」のように使います。「17歳のときに」は at 17 のように言うこともできます。

〔答え〕at

part 1 時間

レッスン2 in〜、on〜 ①

時間通りに到着したら…。

inとon。似ているようで核となるイメージははっきり違いがあります。inは「〜の中に」、onは「〜の上に」、それも「ピタリと接触している」イメージです。

Japanese always arrive in time for the meet-up time.
（日本人はいつも待ち合わせ時間までに到着してるよね！）

マイクはのんびり屋だから いっつも遅刻だよね

If you arrive on time, it's a miracle.
（君が時間通りに到着したら奇跡だよ）

ごめーん 待った？

えへへ… ゴメン

お？8時からテレビで『映画・突撃忍者君』をやるのか

！

こんな時ばっかり 時間ぴったりに 行動して…

ピシッ

違いをみてみよう！ コアイメージをチェック！

arrive in time

時間に間に合う

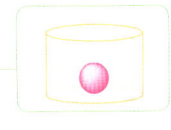

inは「入れ物の中に」というコアイメージなので、arrive in timeは「『約束の時間』という入れ物、その時間内に到着する」ということです。つまり、約束の1時間前に到着しようが、わずか1分前に到着しようが、arrive in time「時間内に到着する」に変わりはないのです。be in timeも「間に合う」、finish in timeは「時間内に終わる」です。

arrive on time

定刻に着く／時間通りに着く

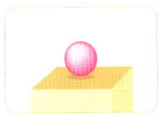

onはあるものが完全に何かに「接触している、上に乗っている」ことを表します。arrive on timeであれば、time「時間」の上にピタリと乗っているイメージです。そのため、「時間ちょうど」➡「定刻に着く」ということになります。「時間ちょうど」を意味するon timeに比べて、in timeは時間を表す範囲に幅があることがわかります。

理解を深めよう！ ワンランクアップ

時間を表す in、on
を使った表現を覚えよう

🖊 meet in August
8月に会う

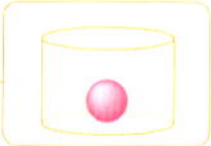

　inとonの大きな違いは、指し示す時間的な「幅や広がり」のイメージで、inは「入れ物の中に」という幅の広いイメージ、onは「特定の日にピタリと乗っている」イメージです。

　August「8月」のような「月」には31日という日数があります。曜日など、時の流れの中の特定の1日を表すのに on を使うのに対し、曜日や日にちの集合体を表す「月」の場合は、「幅広い範囲のある一定期間中に」という意味を表す in を使います。

🖊 meet on Friday
金曜日に会う

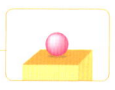

「曜日」の場合、その曜日が1週間の時の流れの中にある特定の日にピタリと乗っているイメージとしてとらえるので、前置詞は on を使います。

● at と on と in の違い

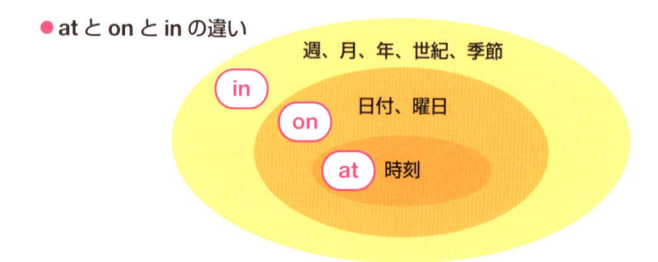

- in — 週、月、年、世紀、季節
- on — 日付、曜日
- at — 時刻

レッスン2　in〜、on〜 ①

🏷️ meet on August 20
8月20日に会う

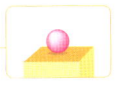

「8月に」であれば、「1カ月」という幅をもった期間を表すのでinを使います。しかし、同じ8月であっても「8月20日」のようにある日にちを表すときは、8月という1カ月の中の20日という「特定の日にピタリと乗っている」と考え、onを用います。

　on Christmas eveは「クリスマスイブに」、on his birthdayは「彼の誕生日に」、on the last day of my vacationは「休暇の最終日に」という意味になります。

Quiz

_____ に入るのはin？ それともon？

① We hold a weekly meeting ___ Mondays.
② The new product is going on sale ___ April.
③ He was born ___ the 14th of June in 1985.

① 「曜日」にはonを使います。「私たちは月曜日に会議を開いている」
② 「月」に使うのはin。「新製品は4月に発売される」
③ 「6月14日」は特定の日なのでonを使います。「彼は1985年6月14日に生まれた」

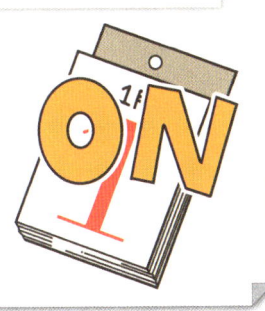

〔答え〕① on　② in　③ on

Part 1　時間

レッスン3 in〜、on〜 ②
朝から出発しよう！

レッスン2で「入れ物の中に」というコアイメージのinと、「ピタリと乗っている」コアイメージのonを学びました。ほかの表現もいろいろみてみましょう。

翔太ー！

うおっ！

忍者パークへ行こう！
Let's leave in the morning.
（朝から出発しよう！）

ちょ…今お風呂中…

忍者パーク

いつ暇？ねえいつ暇？

そうだな…
How about 9:00 on the morning of May 1?
（5月1日の朝9時はどう？）

わーいじゃあ楽しみにしてるよ！

ドア閉めてけよ…

違いをみてみよう！ コアイメージをチェック！

in the morning
午前中に

inは「入れ物の中に」というイメージなので、in the morningの場合はmorning「朝、午前」がその入れ物になります。ここで注意すべきはmorningの概念。英語では午前0時から午前11時59分までを指す幅の広い時間帯なので、前置詞はinを使います。午前2時の1地点であればat 2:00 in the morning「午前2時に」と言います。

on the morning of May 1
5月1日の朝に

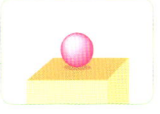

in the morningが「午前中」という幅広い時間を指しているのに対して、「5月1日の朝」は「ある特定の日の朝にピタリと乗っている」と考えonを使います。前置詞のあとに続く語句が幅の広い「入れ物のイメージ」なのか、または「特定の日にピタリと乗っているイメージ」なのかを考えて、inとonを使い分けましょう。

理解を深めよう！ ワンランクアップ

時間を表す in、on を使った表現を覚えよう

🔖 in the rainy season
梅雨どきに

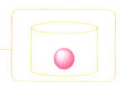

「梅雨」は数カ月という期間に及ぶため、幅の広い範囲を表す in を使います。in を使うのは、ほかに in a week「1週間に」、in a month「1カ月に」などの日数のある期間、in spring「春に」、in winter「冬に」といった季節、in 2013「2013年に」、in the 21st century「21世紀に」などのように一定の時間の幅をもった語句です。

🔖 be on a trip
旅行中である

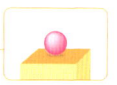

on には「ピタリと乗っている」という接触のイメージがあります。そこから、ある物とそのままずっと離れずにいる、すなわち「離れずに続いている」➡「〜している最中である」という意味が出てきます。He's on vacation.「彼は休暇中だ」もこの意味合いの on です。

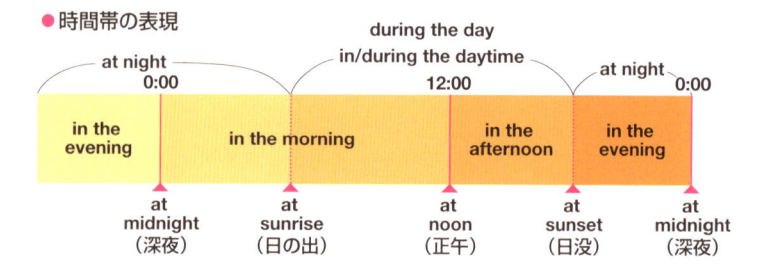

● 時間帯の表現

	during the day		
at night 0:00	in/during the daytime 12:00		at night 0:00
in the evening	in the morning	in the afternoon	in the evening
at midnight（深夜）	at sunrise（日の出）	at noon（正午）	at sunset（日没） · at midnight（深夜）

レッスン3　in～、on～ ②

時間ではない in
の表現をみてみよう

🖊 cry in despair
絶望して泣く

inは「入れ物の中に」、すなわち包み込まれているイメージがあります。in despairは「絶望という入れ物の中で」→「絶望に包み込まれて」という意味を表します。反対にin hopeであれば、「希望をもって」となります。

Quiz
＿＿＿＿ に入るのは at、in、on のどれ？

① ＿＿＿＿＿ the afternoon 「午後に」
② ＿＿＿＿＿ Saturday morning 「土曜日の朝に」
③ ＿＿＿＿＿ night 「夜に」
④ ＿＿＿＿＿ New Year's Eve 「大みそかに」

① 「午後」という幅の広い時間帯ととらえます。
② 同じmorningでも曜日が特定されているのでonを使います。
③ atは「地点」だけでなく、「夜」のような幅のある時間も表します。
④ 「大みそか」という特定の日なのでonを使います。

〔答え〕① in　② on　③ at　④ on

レッスン 4 in〜、within〜

1時間以内に出よう！

レッスン2と3で時間における in と on を学びましたが、多くの意味をもつ in をより理解するために、ここでは in と within を比較してみましょう。

今日は待ちに待った忍者体験パークの日だ！

Let's leave in an hour.
（じゃあ1時間経ったら出発しよう）

いやだめだ！
Let's leave within an hour.
（1時間以内に出よう！）

！？

な、何で？忍者体験パークは逃げたりしないよ？

だって『忍者と一緒に撮影大会』に間に合わなくなっちゃうもの！

忍者と一緒に撮影大会

わ…わかったよ…

違いをみてみよう！ コアイメージをチェック！

leave in an hour
1時間経ったら出発する

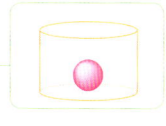

inは周りを取り囲まれた場所・空間という「入れ物の中に」が基本的な概念ですが、in an hourの場合、「1時間」という範囲内であると同時に、その範囲の外壁（境界線）をも含んでいます。すなわちleave in an hourは「1時間で出発する」でもあり、「1時間経ったら（1時間後に）出発する」ということにもなります。

leave within an hour
1時間を超えないうちに出発する

withinはinと近い意味がありますが、inと明らかに異なるのは範囲の外壁（境界線）が非常に明確なことです。時間や場所に使う場合、境界線を決して超えず、その範囲内で収まることを意味します。within an hour「1時間を超えないうちに」であれば、1時間を超えない範囲で事が行われることを示しています。

理解を深めよう！ ワンランクアップ

within と in
を使った表現をみてみよう

🍃 within walking distance
歩いていける距離／範囲内で

withinが「外壁（境界線）を強く意識した範囲」であれば、within walking distanceは「歩ける範囲内である」、すなわち「歩いていける」という意味になります。within one's meansであれば、「収入の範囲内で」、すなわち「分相応で」。within reach of ～であれば「～の手が届く範囲に／身近に」の意味になります。

🍃 within the hour
今から1時間以内で

I'll be there within the hour.は「今の1時間以内に着く」ということです。たとえば、今が5時であれば「5時から6時まで」を指します。つまり、5時30分であろうが、5時40分であろうが、今の1時間が終わる前に着く、すなわち6時前には着くということになります。

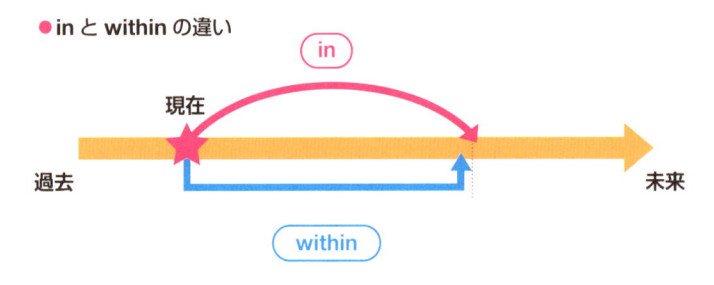

● in と within の違い

| 過去 | 現在 ★ | → | 未来 |

（in：現在から未来への弧）
（within：現在から未来のある時点までの直線）

レッスン4　in〜、within〜

📝 write in English
英語で書く

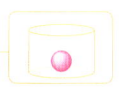

write Englishは「英語を書く」ですが、write in Englishであれば「英語で書く」という意味になります。「入れ物の中で」をコアイメージとしたinは、具体的な場所や空間だけでなく「抽象的な、周りを取り囲まれた空間の中で」の意味も表します。この場合は「英語という範囲内で書く」➡「英語で書く」となります。このinは「手段」と考えることができます。

Quiz　どちらが先に報告書を書き終わった？

① I finished the report in four hours.
② I finished the report within four hours.

① 「4時間で報告書を書き終えた」は少なくとも4時間はかかっていることを表しています。
② 「4時間以内に報告書を書き終えた」は4時間以内に終わっていることを表しています。「4時間もかからないうちに書き終えた」と考えてよいでしょう。

〔答え〕②

レッスン5 until〜、by〜

5時までずっと食べるの!?

「〜まで」を意味する**until**と**by**は間違えやすい前置詞です。**until**「〜まで（ずっと）」はある時点までの継続を表し、**by**「〜までに」は期限を表します。

マイク！以前ぼた餅が好きだと言っていたから、たくさん用意したよ！

うほっ！ありがとう翔太！

じゃーん

今1時だけど夕飯食べられなくなったら困るよな…

Make sure you eat until 5:00.
（5時までに食べてね…のつもり）

Until 5:00?!
（5時まで!?）
わ、わかった…

4時間後

ガチャ

やあマイク　もうすぐ夕食の時間だけど…

ってどうしたんだ、マイクー!?

き…君が5時まで食べ続けろって言ったから…

ゲプッ

違いをみてみよう！ コアイメージをチェック！

eat until 5:00
5時までずっと食べ続ける

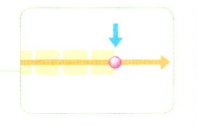

untilは「〜まで」という継続する動作の終了地点を示します。eat until 5:00は「食べる」という動作が、直線を描くように、5時という終了地点に向かってずっと進んでいくイメージです。5時という目的地に向かって継続していた動作はそこに到達するとようやく終了します。wait until 8:00は「8時までずっと待つ」という意味になります。

eat by 5:00
5時までに食べ終わる

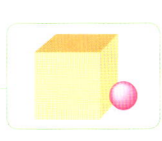

byは「そばに／近くに」という場所を示す前置詞で、by 5:00であれば、5:00という基準となる時の1地点の「そば／近く」を表します。時間がもつ幅ではなく時の1地点を示すことに注意しましょう。動詞と共に用いた場合、その「時の1地点」を終了地点として、eat by 5:00「5時までに食べ終わる」のように「動作の終了期限」を表します。

理解を深めよう！ ワンランクアップ

時間を表す until、by
を使った表現を覚えよう

🖊 stay until tomorrow afternoon
明日の午後までずっと滞在する

　このuntilは継続する動作stay「滞在する」の「終了地点まで」を表します。「滞在するという動作が明日の午後まで継続する」➡「明日の午後までは滞在する」ということになります。untilの前にはstayやwait「待つ」のように、継続性の意味のある動詞が使われます。

🖊 leave by tomorrow afternoon
明日の午後までに出発する

　byは基準となる時の1地点の「そば／近く」を表す前置詞です。byが「～までに」という期限を表すので、動詞は「動作が完成する」という意味合いのものが用いられることがわかりました。leave by tomorrow afternoonは「明日の午後のそば／近くに出発する」➡「明日の午後までに出発するという動作が完了する」ことを表します。すなわち「どんなに遅くても明日午後までには出発する」です。

　byのあとには、by the end of March「3月末までに」、by Friday「金曜日までに」、by May 1st「5月1日までに」のように、月、曜日、日にちを続けることもできます。

　untilとbyの違いを次の例でも確認しましょう。open until June 1「6月1日まで開催中」／close by June 1「6月1日までに閉める」。

レッスン5 until〜、by〜

時間ではない by の表現をみてみよう

🖊 go by car
車で行く

byは次に来る名詞の「そば／近く」を表します。そこから、「そば／近くにあるから利用できる」という意味に発展し、「手近にあるから利用できる」➡「〜を使って／〜で／〜によって」のように「手段」を表すと考えることができます。by bus「バスで」、by plane「飛行機で」は交通の手段を表します。

Quiz
お母さんが息子に夜の留守番を頼むときは？

① Get home by 5:00.
② Stay home until 5:00.

お母さんは、息子に夜は家にいてほしいと思っています。よって①「5時までに家に帰ってね」が正解です。5時には「帰る」という動作が終了していることを表しています。②「5時まで（ずっと）家にいてね」では、5時過ぎに息子が外出してしまう可能性があります。

〔答え〕①

レッスン6 from〜、since〜

2時からやってるんだ。

fromとsinceは「〜から」を表す前置詞。fromが「〜から」という「起点」を表すのに対して、sinceは「〜以来ずっと」という「継続」を表します。

お庭で何してるのマイク？

忍者パーク行ってから修行にハマっちゃってね！

I started this from 2:00.
（2時からやってるんだ）

もう30分もこんなことしてるの？

ううん
I've been doing this since 2:00 yesterday.
（昨日の午後2時からだよ）

1日中！？

違いをみてみよう! コアイメージをチェック!

start from 2:00
2時から始まる

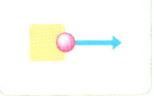

fromはもともと「ある場所から離れる」の意味で、動作や状態が始まる「起点」を表し、→がある起点から離れて出ていくイメージ。終わる時点は明確ではありません。fromは「起点」を表すだけなので、過去、現在、未来の文にも使えます。The meeting will start from 3:00 tomorrow.は「打ち合わせは明日3時に始まる」です。

since 2:00 yesterday
昨日の2時から

sinceはfromと違い、「過去のある時点」から→が現在に向かっているイメージです。主に現在完了形と過去完了形の「継続」で使われ、動作や状態が継続して続いている一定の幅を表します。「〜から」というよりも「〜以来(ずっと)」と考えればわかりやすいでしょう。したがってsince tomorrowのように未来の文には使えません。

理解を深めよう！ ワンランクアップ

時間を表すfrom、since
を使った表現を覚えよう

🔖 from the age of 20
20歳のときから

　20歳を起点にしてそこから➡が離れていきますが、これが過去、現在、未来のいつのことを話しているのかはわかりません。逆に言えば、いずれの状況もあり得るということです。「20歳のときからアメリカに住むつもりである」（未来）も言えるし、「20歳のときからアメリカに住んだ」（過去）とも言えるのです。

🔖 since the age of 20
20歳のときから（ずっと）

　sinceは過去のある時点から現在へ➡が向かっていることを表しているので、この場合は20歳という過去の時点から現在に至るまで、「動作や状態が継続している」ことを表しています。たとえば「20歳のときから今の会社で働いている」であれば、I have worked for this company since the age of 20.（現在完了形）になります。

● from と since の違い

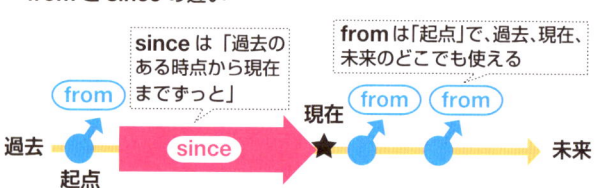

since は「過去のある時点から現在までずっと」

from は「起点」で、過去、現在、未来のどこでも使える

過去　起点　since　現在　from　from　未来

レッスン6　from〜、since〜

時間ではないfrom
の表現をみてみよう

be made from 〜
〜から作られる

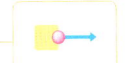

「ある場所から離れる」イメージのfromは、単なる時間的な起点だけではなく、物質的な起点も表します。be made from 〜は「〜から作られる」という物質的な起点、すなわち「原材料」を指します。Wine is made from grapes.は起点としての「ブドウ」を離れワインになったということ。fromの場合はすでにブドウの元の形はありません。

Quiz

使い方が間違っているのはどっち？

① It has been raining since yesterday.
② My sister will study art since next year.

sinceは過去のある時点から現在に至るまでの「継続」を表し、「〜以来」という意味です。next year「来年」のように未来を表す文には使えません。

①「昨日から雨が降り続いている」②誤りだがあえて訳すと「私の姉（妹）は来年から美術を勉強するつもりだ」

〔答え〕②

レッスン 7

from ～ to …、from ～ through …

月曜日から金曜日までバイトなの。

日本語ではどちらも「〜から…まで」になりますが、英語では実は **to** と **through** の間に微妙な違いがあります。知っておけば便利でしょう。

It's probably going to rain from Monday to Friday.
（月曜から金曜にかけて雨になるでしょう）

どうしたの？

あらやだ！

I have to work from Monday through Friday.
（月曜から金曜までバイトなのよ）

ねえお兄ちゃん 私の格好して代わりにいってよ

ちぇっ

じゃあマイクお願い♪

ぼ、僕!?

だーめ！顔は似てるが明らかに体格違うだろ！

もっとムリだろ！

違いをみてみよう！ コアイメージをチェック！

from Monday to Friday
月曜日から金曜日まで

toは「〜に向かう」というイメージです。つまりfrom Monday to Fridayであれば、起点のMondayから離れた➡が目的地となるFridayのほうへ向けて進んでいきます。しかし、➡の到達点が金曜日の入口（金曜の朝）なのか、金曜日の中を通って出口（金曜の夜、日付が変わる頃）まで進むのか、実はこの表現からはあいまいなのです。

from Monday through Friday
月曜日から金曜日まで

to「〜に向かう」に対し、throughは「ある空間の中を通り抜ける」イメージです。from Monday through FridayであればFridayを目指した➡は、金曜日という空間を通り抜けて、その出口にまで到達します。つまり、金曜日を完全に含みます。科学・ビジネス分野などで正確を期すのであれば、throughを使えば間違いありません。

理解を深めよう！ ワンランクアップ

🔍 時間を表す from を使った表現を覚えよう

🟢 open from 9:00 to 5:00
9時から5時まで開館する

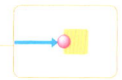

　美術館にこの表示があれば、9時に開館し、5時に閉館することがわかります。この場合、9時という起点を出発した ➡ は5時という到達点（入口）でピタリと止まります。しかし **... through 5:00** であれば、➡ は5時を通り抜けて5時59分で止まることを意味します。時間を言うときは from ～ to … が一般的です。

🟢 from infancy through adolescence
幼児期から青年期まで

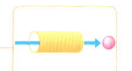

　幼児期を「起点」にし、青年期を「通り抜けて」ということは「青年期すべて」を含む期間のことです。through か to であれば、「青年期」を含むのか、青年期を含まないのか、明確でないことはすでに学びました。もし医学や心理学の分野で扱う表現であれば、ここは through を使うことでより正確になります。

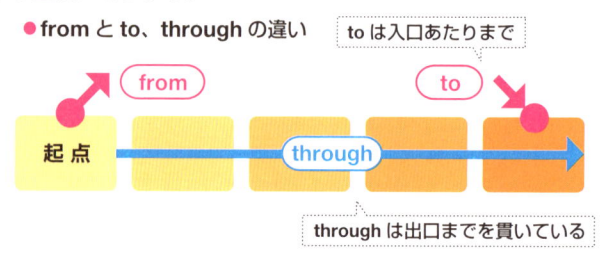

● from と to、through の違い

to は入口あたりまで

through は出口までを貫いている

レッスン7 from ~ to …、from ~ through …

時間ではないthrough の表現をみてみよう

go through ~
~を通り抜ける／通り越す／経験する

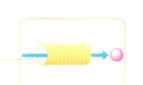

throughは「ある空間の中を入口から出口まで通り抜ける」ことなので、go through the woodsであれば「森を通り抜ける」こと。またgo through a crisis／surgeryであれば「危機／手術の入口から出口までを通り抜ける」ことなので「危機を乗り越える／手術を経験する」となります。

Quiz 次の英文はどういう意味？

The terms are applicable from February through April.

＊be applicable：適用できる、当てはまる

termsは契約などで合意された条件などのことを言います。契約書など、間違いの許されない書類を書くときには、期日を特に正確に言う必要がありますね。その場合はfrom ~ through …を使うことで間違いが生じる可能性はなくなります。

〔答え〕「その条件は2月から4月まで適用されます」

レッスン8 during〜、for〜

4時間、長電話していたよ。

「〜の間」という期間を表すduringとforですが、duringは「特定の期間」、forは「期間の長さ」に重きが置かれ、それぞれ後ろに続く言葉が違ってきます。

〜 during four hours…

お兄ちゃん！今のってduringじゃなくてforを使うべきじゃない？

！

いけない！僕はまだまだミスが多いな

Aoi talked on the phone for four hours last night.
(昨晩葵は4時間も長電話をしていた)
だね

正しく言い直すと…

長でんわばっかりしやがって！
ぴゅーん
もー

違いをみてみよう！ コアイメージをチェック！

during the meeting
会議の間

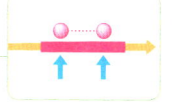

duringは大きな時の流れの中で区切られた「特定の時間内」を表し、意味は「〜の間中、〜の間に」です。あとにくるのはthe meeting「会議」やthe summer vacation「夏休み」など特定の期間を表す語句です。内容によって、「その間中ずっと、ある状況が続いた」にも、「その期間内のあるときに、何かが起こった」という意味も表します。

for four hours
4時間（の間）

forはもともと、→が「ある目的に向かって進んでいく方向」を表します。時間では、「目的に向かうために流れていく時間の長さ」を表すと言えます。期間を表す特定の語句が続くduringと違い、forはfor four hours「4時間」、for three months「3カ月間」のように、数字をともなう「かかった時間」があとに続きます。

理解を深めよう！ ワンランクアップ

時間を表す during、for
を使った表現を覚えよう

🟢 during the last ten years
過去10年間

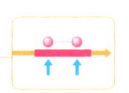

duringは「特定の時間内」を表しますが、forと違い、後ろにten yearsやtwo daysのような数字をともなわないのがルールです。しかしthe last ten yearsというのは10年間という不特定の期間ではなく、「過去10年」という範囲を区切った特定の期間であるため、during the last ten yearsと言うことができます。

🟢 for a long time
長い間

forは時間の流れの中の「不特定のある範囲」を表します。for two yearsは、いつの「2年間」であるかは不明です。a long timeは数字で表す期間ではありませんが、いつの「長い間」であるかがわからないので、前置詞はforを使います。during a long timeとは言いません。

● during と for の違い

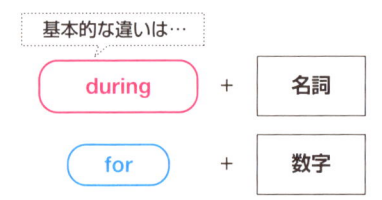

基本的な違いは…

| during | ＋ | 名詞 |
| for | ＋ | 数字 |

※必ずしもこうならない場合もあります。

レッスン8　during〜、for〜

時間ではないfor
の表現をみてみよう

🔖 look for 〜
〜を探す

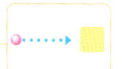

forのコアイメージは「ある目的／対象に向かって」というものなので、動詞をともなうと「〜を求めて動作をする／状況にある」という意味合いになります。look for 〜であれば「〜を求めて／目的に向かって見る」となるので「〜を探す」、wait for 〜は「〜を（求めて）待つ」となります。

Quiz ___ に入るのはduring？ それともfor？

① _____ 20 minutes 　　　「20分間」
② _____ office hours 　　「営業／勤務時間の間」
③ _____ the 8-hour-session 「8時間の会議の間」

ある時間／期間の長さがどれくらいかに重点を置くのがforであり、多くの場合はあとに数字がきます。一方duringは特定される名詞がきます。③は8時間という数字があり、迷うところですが、これは「8時間の会議」という「特定された名詞」なので、duringが適切です。

〔答え〕① for　② during　③ during

Part 1 時間

レッスン9 about〜、around〜

3時頃には行けるよ！

about 3:00 と around 3:00、日本語訳は、どちらも「およそ3時」です。しかし、ネイティブは無意識に about と around を使い分けています。

準備はまだかいマイク？

I'll be ready at about 3:00.
（3時頃には行けるよ！）

映画に間に合わなそうだから先に行って席とってるよ！

わかった！

全く…葵も時間を守らないし困っちゃうよ…

ん？

映画 忍者丸

The movie starts at around 3:00.
（3時頃開場）

映画館、貴様もか!?
ごろって何だよ！

違いをみてみよう！ コアイメージをチェック！

meet at about 3:00
3時頃に会う

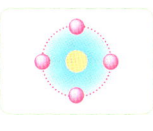

　about「〜のあたり」は対象の「周辺」がコアイメージです。それが指す範囲は明確でなく、かなり漠然としているので「だいたい」という意味になります。そのためabout 3:00は「3時頃」を表します。「ぴったり3時ではないけれど、それを目指して」➡「およそ／だいたい3時」ですが、ネイティブは「少し遅れる可能性がある」ととらえます。

meet at around 3:00
3時頃に会う

　aroundはround「丸い」から派生した単語で、「対象の周りをぐるりとひと回りする」イメージです。たとえば、There are trees around the lake.「湖の周りに木々がある」では、湖の周りをぐるりと取り囲む木々が思い浮かびます。そのため、around 3:00は「3時の周囲」➡「3時頃」、3時前後を表します。

理解を深めよう! ワンランクアップ

aroundとabout
を使った表現をみてみよう

🍃 around the clock
24時間ぶっ通しで

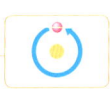

aroundは「対象の周りをぐるりとひと回りする」がコアイメージなので、around the tableと言えば「食卓を取り囲んで」という意味になります。

around the clockであれば、時計の針がぐるりとひと回りすることから、「休みなくとぎれないこと」を意味します。正確には時計の短針のひと回りは12時間ですが、around the clockという表現は「昼も夜も休みなしで、24時間とぎれることなくぶっ通しで」という状態を表します。

🍃 talk around that topic
その話題に触れない

「対象の周りをぐるりとひと回りする」aroundのコアイメージから、talk around that topicは「その話題の周りをぐるぐる回って話をする」という意味を表します。その状況から「話が決して中心に近づかない」➡「その話題には触れない」という意味になります。

beat around the bushであれば、「やぶの周りを叩く」➡「核心をつかない」、「探りを入れる」という意味になります。

レッスン9　about〜、around〜

about this big
だいたいこれくらい大きい

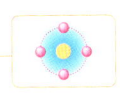

aboutは「周辺」のコアイメージから、具体的な数字を使わずに、抽象的な物の様子、状態を表すことができます。たとえばthis bigは、ある物が「このくらい大きい」という意味なので、about this bigであれば「このくらいの大きさの周辺」➡「だいたいこれくらい大きい」になります。

My room is about this big. と言えば「私の部屋はだいたいこれくらいの大きさだ」ということになります。about rightであれば、「正しいことの周辺」という意味から、「ほぼ正しい／だいたいよい」という意味を表します。

Quiz　aboutとaround、どっちがどっち？

① 1,995円 ➡ ＿＿＿＿ 2,000 yen
② 2,200円 ➡ ＿＿＿＿ 2,000 yen

①aboutにはどちらかと言えば、「あともう少し」という「達していない」イメージがあります。対象に近いイメージのため、2,000円であれば考えられる価格は2,000円にかなり近い、幅の狭い範囲です。

②aroundは、aboutの「未達」のイメージとは異なり、考えられる価格があちらこちらにあるイメージです。そのため、正式な文書などではあまり用いられません。　〔答え〕① about　② around

ネイティブがよく使う！
前置詞を使った日常フレーズ①

ネイティブ同士の会話では、だらだらと長い文にするよりも短い文をテンポよく言い、会話のキャッチボールを楽しむのがお約束。前置詞を使えばよりコンパクトな文ができあがります。

How's everything with you?
元気にしていますか？

久々に会った友人などにかける言葉。Pretty good. / Not bad. 「元気だよ」のように答えられれば完璧です。I'm fine, thank you. では定番過ぎてちょっと冷たく聞こえる可能性もあります。

Same as always.
あいかわらずです。

「いつもと同じです」の意味から「あいかわらずです」になります。

I'm on a roll.
すべて順調です。

roll「転がり、回転」の上にピタリと乗っている、つまり波に乗っていること。順調な状況を説明するときの定番表現です。

I go by Hiro.
私はヒロと呼ばれています（だからヒロと呼んでください）。

go by ～で「～の名前で知られている／通っている」の意味になります。Please call me Hiro. 「ヒロと呼んでください」、Everyone calls me Hiro. 「皆ヒロと呼びます」と同じ意味のひと言です。

Part 2

「場所」を表す前置詞

Part 2では、onとover、toとfor、awayとoffなど、場所を表す前置詞を解説します。コアとなるイメージを見ながら、微妙な違いを理解すれば、英語はもっと楽しく学べます。

レッスン 1 at〜、in〜

駅で待ち合わせるぞ。

atとinはどちらも「〜に（ある）」や「〜で（…する）」のように場所も表します。意味は同じでも、それぞれ使い方が異なります。

Let's meet in the station tomorrow.
（明日は駅で待ち合わせるぞ）

かしこまりました課長！

翌日

遅いな…

待ち合わせは"in the station"って言っただろ！早く構内に来なさい！

ひぃ〜構内のことだったのか…

入口で待ってたよ〜

違いをみてみよう！ コアイメージをチェック！

at the station
駅に／で

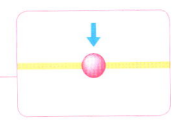

　atのイメージは「地点」です。しかしShe's at the station.「彼女は駅にいる」という文は、駅を抽象的な概念としてとらえているので、「駅の中」も「駅の入口」も「駅の駐車場」もat the stationで表すことができます。「駅周辺」と考えればよいでしょう。「どこにいるの？」と聞かれて所在をはっきりさせる場合にはふさわしくありません。

in the station
駅に／で

　inを「入れ物の中に」としてとらえる時間と同じく、場所においてもinは空間という入れ物のイメージとなります。She's in the station.「彼女は駅にいる」はat the stationと違い、「駅という入れ物の中にいる」➡「駅構内にいる」ことを示します。「駅の入口／駐車場／周辺」なども含むat the stationと違い、「駅構内」ということです。

理解を深めよう！ ワンランクアップ

場所を表す at、in
を使った表現を覚えよう

at the peak of ～
～の絶頂期に／ピーク時に

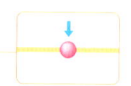

　この場合のatはコアイメージの「地点」から、at the peak of ～で「～の絶頂期に／ピーク時に」という１地点を表します。ほかにも、at the bottom of the sea「海底に」、at the bottom of the class「クラスの最下位に」、at the foot of the mountain「山のふもとに」のように、at を使って場所を表す表現は多くあります。

be at one's desk
仕事中である

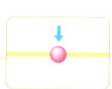

　be at one's deskは「机という地点に認識される場所にいる」➡「机に向かっている」という意味です。机は通常、仕事や勉強をする場所ですから、ただ「いる場所」を示すだけでなく、「机に向かって何かしている」という意味も表します。つまり、そこで何をしているかもポイントになってきます。同じように、at the tableであれば「食卓についている」と「食事中」の両方を表します。
　またHe's at workであれば、workは「職場」を指すので「彼は職場にいる」という意味だけでなく、「仕事中である」ことを意味します。この場合はworkに冠詞がつかないことに注意しましょう。

レッスン1　at〜、in〜

🖊 be dressed in blue
青い服を着る

　She's dressed in blue.は「彼女は青を着ている」、すなわち「青という空間／入れ物の中で装っている」ということになります。なお、We're in the red.であれば、「会社が赤という空間／入れ物の中にいる」、すなわち「赤字である」ということになります。be in the blackと言えばその反対に「黒字」であることを示します。

　同じような使い方にin sightがありますが、これは「目に入る」の意味になります。例えばOur hotel is in sight.であれば「私たちのホテルが目に入った／見えてきた」ということです。

Quiz

次の英文を日本語にすると？

I'm at sea now.

　この文で注意が必要なのは定冠詞のtheがないことです。これは貨物船の乗員や漁師など「海上で／海に出る仕事」を指しています。He was lost at sea.であれば、「海で船に乗って仕事をしているうちに行方不明になった」という意味になります。

〔答え〕「私は今、海に出て仕事をしている」

レッスン2 on〜、in〜 ①
電車にマイクを置いてきた！

場所を表すon「〜の上に」とin「〜の中に」は比較的わかりやすい前置詞です。でもon the trainとin the trainを並べられると迷ってしまいませんか？

日本の電車って格好いいよね！

Don't horse around too much on the train.
（電車であんまりはしゃぎすぎないようにね）

でねお兄ちゃん昨日友だちがね…

うんうん

それでねー

Oh, no! We left Mike in the train!
（うわっ電車にマイク置いてきちゃった！）

ん？そういえばマイクは？

ええっ!?

違いをみてみよう！ コアイメージをチェック！

on the train
電車に／で

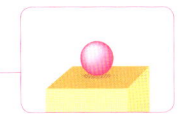

　onは「ある物の上に乗っている／接触している」がコアイメージなので、on the trainは、「電車に足をつけて立っている／座っている」場面が浮かびます。一般的に、公共交通機関にはonが使われます。またride on a horse「馬に乗る」やget on a bicycle「自転車に乗る」は、「〜の上にまたがっている」状態からonを使います。

in the train
電車に／で

　たとえば「電車の中に傘を忘れた」のであれば、I left my umbrella in the train.と言います。「傘を忘れた場所」は「電車の中」なので、「〜の上に」のonではなく「入れ物の中に」というイメージのinを使います。また自家用車などの小さな乗り物は「中へ乗り込んでいく」というイメージなのでin a car「車で／車の中で」となります。

理解を深めよう！ ワンランクアップ

onとin を使った表現をみてみよう

in the box on the desk
机の上の箱の中に

The ring is in the box on the desk.「机の上の箱の中に指輪が入っている」という状態は、視覚的にもわかりやすいイメージです。また、何かが水平の面の上ばかりでなく壁やドアのように垂直な面に接しているときもonを使います。たとえば、ドアにかかっているクリスマスリースは、a Christmas wreath on the doorと言います。

talk on the phone
電話で話す

この場合のonも「～の上に乗っている／接触している」のイメージです。電話には目に見えない電話線があり、私たちはその線の上に乗っかって話をするととらえて、「電話で」と言うときの前置詞はonになるのです。

on one's mind
気にかかって

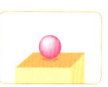

気になる問題を抱えているときには、いつもそれが「心に乗っかっている、心に接していて離れない」というイメージから、「気にかかる」はonを使います。I have troubles on my mind.は「悩みを気にかけている／悩んでいる」という意味になります。

レッスン2　on〜、in〜①

🔖 in mind
考えて

on one's mindが「心に乗っかっている」イメージであるのに対して、in mindは、「心という入れ物の中に」となります。「心に接していて離れない」onと違い、inには差し迫ったイメージがなく、ただ漠然と「心／頭の中にある」ということです。よって、I have a plan in mind.であれば「その計画を考えている」となります。

Quiz

ありえないのはどっち？

① **My house is on the river.**
② **My house is in the river.**

① on the riverは、onの「接している」イメージから、「非常に近くにある」➡「私の家は川のほとり／川沿いにある」という意味になります。
② in the riverはそのまま「川という入れ物の中」となるので、「私の家は川の中にある」はありえない内容です。

〔答え〕②

レッスン3 on～、in～ ②
はいつくばって、けんかしてたんだ！

共に「通りに（で）」という意味のフレーズですが、inとonが表すイメージによって、ニュアンスが異なります。表す範囲の広さと狭さをとらえましょう。

マイク聞いてよ！
There was a big fight on the street!
（道で大げんかがあったんだ）

ぷっ！

あはは！
それじゃ地面にはいつくばってけんかしてるような表現だよ？

それを言うなら in the street のほうがいいんじゃない？

いや！
本当にはいつくばってけんかしてたんだ！

あたしの大根よ～！

キ、

激安大根のさいごの1本をめぐって！！

こっ、こわ…！

違いをみてみよう！ コアイメージをチェック！

in the street
道に／路上で

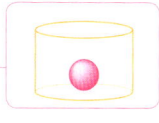

inは「周りを囲まれた入れ物の中」がコアイメージなので、この場合も「通りの中に」となります。通りであっても入れ物のイメージなので、場所は限定されます。There was a big fight in the street yesterday.「昨日、路上で大げんかがあった」の場合、けんかが起こったのは、イメージとしては道の端っこではなく「道の真ん中」です。

on the street
道（の上）に／で

onは「面に接触している」イメージなので、on the streetは「通りの上に」と考えます。道という面に何かが置いてあったり、貼ってあったりする場合に使います。on the streetが表す範囲はあいまいで、比較的広い範囲も指します。「道路に線を引く」であれば「道路の上に線を引く」ので、draw a line on the streetと言います。

理解を深めよう! ワンランクアップ

in と on を使った表現をみてみよう

🍃 in the right
正しい／正当である

the rightは「正しいこと／正義」を表す名詞です。in the rightは「『正義』という入れ物の中にある」というイメージから、「正しい」という意味になります。I think you are in the right.「あなたは正しいと思います」のように使います。rightの反対語はwrongなので、in the wrongは「間違いの中にいる」➡「間違っている」になります。

🍃 on the right
右側に

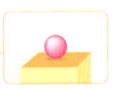

この場合のrightは、左右の右なので、on the rightは「右の上に乗っている」➡「右側にある」という意味になります。反対に、「左側」であればon the left。There's a post office on the right.は、「右側に郵便局がある」です。

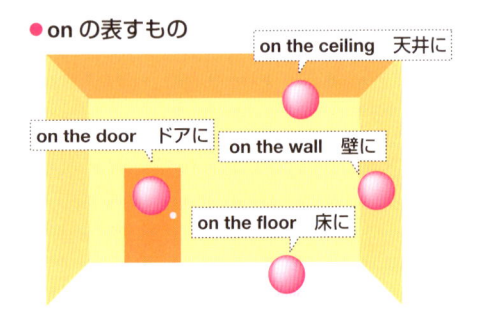

● on の表すもの

- on the ceiling 天井に
- on the door ドアに
- on the wall 壁に
- on the floor 床に

レッスン3　on〜、in〜②

🖉 on one's nerves
イライラさせて

onは「上に乗っている」という接触のイメージなので、on one's nervesは「だれかの『神経』の上に何かが乗って、ピタリと貼りついている状態」と考えられます。神経に貼りついた何かを落とせないのであれば、さぞイライラすることでしょう。そこからon one's nervesは「イライラさせて」という意味になります。He's getting on my nerves.は、「彼は私をイラつかせる」ということです。

Quiz

_____ に入るのはon？　それともin？

Their relationship is _____ the rocks.

「彼らの関係は破綻した」

順調に進んでいた船が突然岩に乗り上げれば、もう先へは進めません。on the rocksは「暗礁に乗り上げて」の意味から「破綻して／行き詰まって」という意味も表します。

〔答え〕on

Part 2　場所

レッスン4 in〜、into〜

プールに飛び込め！

intoはin＋toでイメージは「中へ＋向かう」。inが「入れ物の中に」という「静止状態」、intoは「中に向かって入っていく」という「動き」を表します。

翔太の負け！

You have to jump into the pool.
And no jumping "in" the pool.
（さ！飛んで来い！飛ぶって言っても
水中でぴょんぴょん跳ぶんじゃないからな）

わかったよ

翔太は弱虫だからな…
きっと怖がって泣くぞ

くるくる、
ザッブーン

と思ったら
神技決めとるー！

違いをみてみよう！ コアイメージをチェック！

jump in the pool
プールの中で跳ぶ

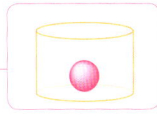

inという前置詞から、プールという空間の「入れ物」があり、その中でジャンプするイメージがわかります。同じく、walk in the parkは「公園の中を歩く」、run in the fieldは「グランド内を走る」というように場所を表します。be in good healthであれば、「健康の中にいる」➡「健康である」という状態を表します。

jump into the pool
プールに飛び込む

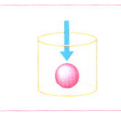

intoは、場所や状態を表すinにtoの「〜に向かう」という意味が加わり、「〜の中へ」という「動き」を表します。jump into the poolであれば、ただ「プールへ飛ぶ」のではなく、「プールに（の底へ向かって）飛び込む」のように「動き」がより明確になります。walk into the parkは「公園の中へ歩いて入っていく」という動作を表します。

Part 2 場所

理解を深めよう！ ワンランクアップ

in と into を使った表現をみてみよう

🖊 in my opinion
私の見解では

　これは my opinion「私の意見」を抽象的な空間の入れ物と考え、in を使うことで「私の意見の中で」→「私の意見では」という意味を表しています。Part1のレッスン1（→P21）で時を表す in が「地点」を表す at よりも「幅広い範囲」を表すことを学びました。場所・位置を表す in も「幅の広い空間の範囲内で」ととらえることができます。in nanotechnology は、「ナノテクの範囲で」→「ナノテクの分野で」という意味になります。

🖊 be really into ～
～に夢中になる

　into は「～の中へ向かう」というイメージなので、I'm really into rock music. であれば「ロック音楽の中へ入り込む」→「ロック音楽にどっぷりはまっている／夢中である」という意味になります。

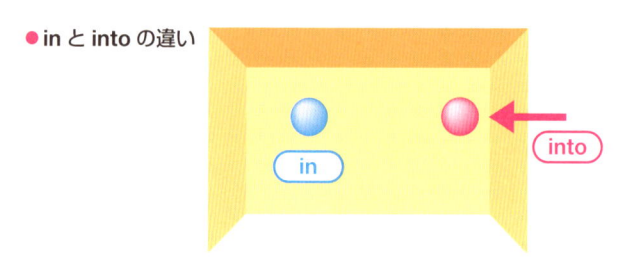

● in と into の違い

レッスン4　in～、into～

turn into red
赤に変わる

紅葉の季節になると葉の色が赤く変わります。turn「変わる」にintoがつくと、はじめは緑の状態であった葉が「赤という状態へ向かって変わる」➡「赤に変わる」という意味になります。このようにintoは「～の状態へと変化する」ことを表すときにも使われます。

Quiz 次のintoの意味は、どっち？

He translated it into English.
「彼はそれを英語に翻訳した」

A 「ある状態から別の状態になる」　B 「内部へ入り込む」

intoの「別の状態に変化する」の意味から、ほかの言語から「英語という別のものへと翻訳する」の意味になります。

〔答え〕A

レッスン 5　on〜、over〜

頭の上に髪が…！

onとoverはどちらも「〜の上」という似た意味をもつ前置詞です。いざ使うとなると迷うことがありますが、違いは意外と単純です。

今日は風が強いなあ…

そうですね…あっ！！？

どうしたんだい山田君？

ぶ、部長…
His hair's over his head…！
（頭の上に髪が…！）

何言ってるんだ？
そこはoverじゃなくてon…

って本当だ！！！！
over his headだ！！！

違いをみてみよう！ コアイメージをチェック！

on the lake
湖の上に

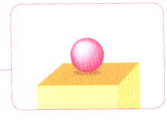

　ある物が「～の上に」ある場合、2通りの状況が考えられます。「ヨットが湖に浮かんでいる」状況では、ヨットの底は水面と接しているはずなので「接触」の on を用い、There's a yacht on the lake. と言います。on を使うと、a wig on the head「頭に乗っているカツラ」を表すことができます。なお男性用かつらは toupee と言います。

over the lake
湖の上に

　もうひとつは、「～の上」であっても接触していない場合です。There is a paraglider flying over the lake.「パラグライダーが湖の上を飛んでいる」からは、パラグライダーが湖のはるか上方の空にあることがわかります。何かが何かの上にあり、その物と接触していない場合は、over「～の上方に」を用います。

理解を深めよう！ ワンランクアップ

onとover を使った表現をみてみよう

🖊 buy on a credit card
カードで買う

on「乗っている／接している」の意味から、ある物が「何かの上にしっかりと立っている」イメージが浮かびます。つまり、何かの下にある物は、上の何かをきちんと支えているということになります。そこからonには「〜を頼って」という「支え／依存」のイメージも生じます。buy 〜 on a credit cardは「クレジットカードに頼って〜を買う」➡「クレジットカードで買う」ことです。based on the fact「事実に基づいて」も同じ考え方です。

🖊 be over me
〜は私の上司である

overは「（接触していない）〜の上方に」を表す前置詞です。これは物体の位置関係だけでなく、人間関係にも使うことができます。He's over me.と言えば、「彼は私の上方にいる」➡「彼は私の上司である」、あるいは「彼は私の責任者である」という意味になります。反対に、under「〜の下に」を使うと、He's under me.「彼は私の下にいる」➡「彼は私の部下である」という意味です。

レッスン5　on〜、over〜

🖍 over the fence
塀を越えて

overは「上方にあり、下の物に接触していない」イメージを表します。A cat jumped over the fence.「猫が塀を飛び越えた」では、猫が塀に一度も接することなく、弧を描くように飛び越えていったことがわかります。The athlete jumped over the bar.であれば、「運動選手がバーを（触らずに）飛び越えた」ことになります。

overの「越えていく」のイメージから、She's over 30.と言うと、「彼女は30歳を超えている」となります。

Quiz

次の英文はどういう意味？

He traveled all over the world.

overには「〜の上方」の意味のほかに、「全体を覆って」の意味もあることから、over the worldは「世界全体を覆って」となります。allをつけることで「くまなく世界全体を覆って」➡「世界中」の意味になります。

〔答え〕「彼は世界中を旅しました」

レッスン 6 to〜、for〜

庭のほうへ行ったよ。

「〜へ行く」「〜へ向かう」と言うとき、前置詞は to を使うか for を使うか迷うところです。しかし、目的地を考えればおのずと答えが出ます。

え、葵？
She headed for the garden.
（庭のほうへ行ったよ）

She headed to the living room.
（葵ならリビングへ行ったよ）

見つけた！

僕のマンガ返せ〜！
まだ読んでないのに！

いいじゃないの！
ケチケチしないでよ〜！

違いをみてみよう! コアイメージをチェック!

head to ～
～へ向かう

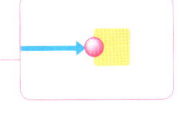

toは「ある対象／目的に向けて➡が進み、最終的に到達地点へたどりつく」イメージです。つまり、toは到達地点を含むことになり、到達するのが目的です。たとえば、head to the station「駅へ向かう」であれば、最終的な目的地は「駅」であり、go to London「ロンドンへ行く」であれば、ロンドンに必ず行くことになります。

head for ～
～へ向かう

forは「ある対象／目的に向かって」という「方向」を表します。head for the stationであれば、駅へ向かった➡はひとまずその方向へと進みますが、駅より手前の店で止まるかもしれないし、場合によっては駅を越えるかもしれないという、あいまいな表現です。到達地点を含むtoに比べるとforは「方向」を示すに過ぎないのです。

理解を深めよう！ ワンランクアップ

to と for
を使った表現をみてみよう

🖊 give a present **to** my son
息子にプレゼントをあげる

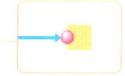

　toは「→が対象に向かい、到着地点へたどりつく」イメージです。give a present to my sonであれば、「プレゼントが→として私の息子に向かって進み、最終的に息子の元へ届く」ことを意味します。→が向かった到着地点であるmy sonはプレゼントを受取り、giveという動作が完了したことになります。

🖊 buy a present **for** my son
息子にプレゼントを買う

　forは「ある対象／目的に向かって」という「方向」を表すイメージです。for my sonであれば、my sonの方向へ向かって「買う」という動作が進行することを意味します。この時点でわかることは、「買う」という動作が終了しただけで、実際にプレゼントがmy sonの手元へ渡ったかどうかは不明です。このようにforは、「向かって」というイメージから、This is for you.「これはあなたに向けた物です」➡「これをあなたにあげます」のように使うこともできます。

● to と for の違い

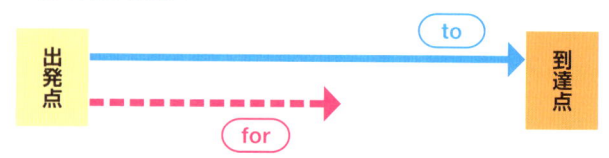

出発点 ──────→ 到達点　to
　　　 ┄┄┄┄→　　　　　for

レッスン6　to〜、for〜

🖊 to some extent
ある程度まで

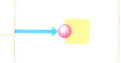

toが「目的地へ向かい、たどりつく」イメージであれば、進んでいた→は目的地にぶつかると、もうそれ以上先には進めないことを意味します。これがtoの「限度／限界」というイメージです。

to some extentであれば、some extent「ある程度」を限度と考えていることがわかります。そこから「ある程度まで」という意味を表します。to some degree「ある程度まで」も同じです。またThe stock price fell to 1,000 yen.であれば「株価が1,000円の限度まで下がった」という意味になります。

Quiz
次の日本語を表すのはto？ それともfor？

Write _____ me.

① 「私に手紙を書いてね」　② 「私の代わりに手紙を書いてね」

toは「対象に向かって最終的に到達する」イメージです。「私に手紙を書く」であれば手紙の到達点をmeととらえ、to meとするのが正解です。一方、forは「ある対象／目的に対して向かっていく」ことから、「〜のために／〜にとって」という「利益や恩恵」の意味も表します。「私のために」はすなわち「私の代わりに」ということにもなります。

〔答え〕① to　② for

レッスン7 away〜、off〜
バスから離れろ！

「離れて」というイメージのawayとoff。その離れ方には「接していたところから離れる」、「距離的に離れている」のように、根本的な違いがあります。

今日はマイクと彼の友だちに浅草を案内するぞ

と思ったら早速乗るバス間違えた！

Get away from the bus!
（バスから降りて！のつもり）

Get away?! あのおとなしい翔太がこの形相！まさか爆弾でも仕掛けられてるんじゃ…

おいみんな、バスから離れろ！今すぐだ！

Yeah!!

あっ…降りろはget offか…！

しーん

言い間違えた！

違いをみてみよう！ コアイメージをチェック！

get away from the bus
バスから離れる

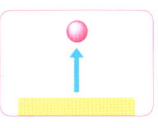

　away「離れて」は単に「距離が離れる」というイメージです。距離が離れているだけなので、対象がある場合は「〜から」という起点を表すfromが必要になります。get away from the busは、「バスから距離的な意味合いで離れる」ことを意味します。またoffは「瞬時に離れる」イメージですが、awayは「徐々に離れていく」イメージです。

get off the bus
バスから降りる

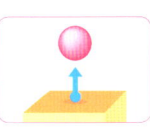

　off「離れて」は「ある対象と接触していたところから離れる」という「分離」のイメージです。get off the busであれば、主語となる人はバスに乗っており、そのバスという対象から離れる、つまり「バスから降りる」ことを意味します。「分離」を表すoffは「接触」のonと対になる前置詞です。「バスに乗る」はget on the busと言います。

理解を深めよう！ ワンランクアップ

awayとoff を使った表現をみてみよう

🔖 one step away
あと一歩のところ

awayは「距離的な隔たり」がコアイメージなので、one step awayは「距離が一歩離れている」➡「あと一歩のところ／あとひと息」の意味になります。起点を表すfromを加えると、Our team was one step away from the gold medal.「私たちのチームは金メダルから一歩離れていた」➡「金メダルまであとひと息だった」のように、隔たる対象が明確になります。step away from alcoholは「お酒から距離を置く」➡「お酒をやめる／控える」という意味です。

🔖 off duty
非番

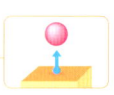

offは「分離」のイメージです。dutyは「仕事」という意味なので、off dutyは「仕事から離れる」➡「非番」ということです。offの対になるonを使って、on dutyと言うと「仕事にピタリと乗っている／接触している」➡「勤務中」となります。割引やバーゲンセールの20％offという表現は、「対象である『定価』から20パーセントが分離する」➡「20パーセント割引」ということです。

レッスン7　away〜、off〜

off the record
非公式で／非公開で

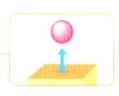

off the recordは直訳すると「記録から離れる」、つまり「(正式な)記録を載せない」➡「非公式で／非公開で」という、いわゆる「オフレコ」の意味になります。「非公開にしましょう」はLet's take it off the record.と言います。またoffと対になるonを使ったon the recordは「記録にピタリと乗っている」、「記録に載せる」➡「公になって／公表されて／広く知れ渡って」という意味です。

Quiz

次の英文はどういう意味？

He fell off the roof.

offは「接触していたところから離れる」イメージです。つまりこの文は「乗っていた屋根から離れて落ちる」という状況を表しています。

〔答え〕「彼は屋根から落ちた」

レッスン8 under〜、below〜

テーブルの下に…。

日本語ではどちらも「〜の下」と言いますが、英語のunderとbelowが表す「〜の下」は、示す範囲が微妙に違います。使い分けられるようにしましょう。

He's hiding something below the ground. That's so cute.
(ポチのやつ、土の下に物を隠してかわいいな)

You were eating chocolate I hid under the table, weren't you?!
(テーブルの下に隠しておいたチョコ食べたでしょ!?)

あんなとこに置いておくのが悪いんだよ〜だ!

"下"と言えば…

違いをみてみよう！ コアイメージをチェック！

under the table
テーブルの下に

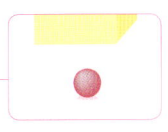

underは「〜の真下に」がコアイメージになります。The cat is sleeping under the table.「その猫はテーブルの下で眠っている」は、猫がテーブルの真下で眠っていて、テーブルが猫全体を覆っている様子を表しています。このように、underには「何かに覆われている、その真下に」というイメージがあります。

below the horizon
地平線の下に

belowは「何かの基準や他の物より低い位置にある」イメージです。つまり、上下・高低の関係の「下のほうに」ということです。The sun goes down below the horizon.「太陽が地平線の下に沈む」は、「地平線を基準としてそれよりも下方に沈む」という意味です。below the groundは、「地面の下」を表します。

理解を深めよう！ ワンランクアップ

under と below を使った表現をみてみよう

🔖 under pressure
プレッシャーをかけられて

　underは「〜の真下で／覆われて」のイメージから、under pressureは「プレッシャーに覆われてその真下にいる」ことが想像できます。そこから「プレッシャーをかけられている」という意味になります。このように、underを使ってどのような状況にいるかを表すことができます。under fireは「砲火に覆われて」という意味と、火を攻撃や非難の比喩ととらえて「火の真下に／火に覆われている」➡「攻撃を受けて／非難の的になって」という意味も表します。under constructionは「工事中／建設中」を意味します。

●「〜以上」「〜未満」などの表現

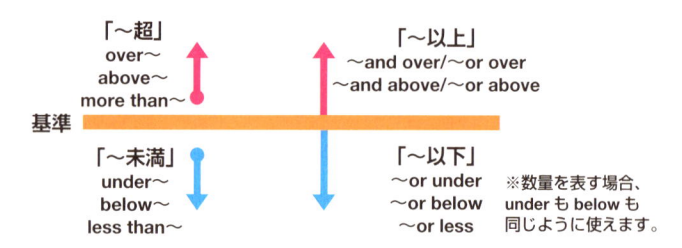

「〜超」
over〜
above〜
more than〜

「〜以上」
〜and over／〜or over
〜and above／〜or above

基準

「〜未満」
under〜
below〜
less than〜

「〜以下」
〜or under
〜or below
〜or less

※数量を表す場合、underもbelowも同じように使えます。

レッスン8　under〜、below〜

🖊 **below zero**
零下

　belowは「何かの基準より低い」イメージなので、below zeroは「ゼロを基準にして、それより下の状態」を言います。10 degrees below zeroなら、「ゼロを基準にして、それより下に10℃」➡「マイナス10℃」という意味です。

　below the surface of the waterは「水面下で」の意味ですが、水面の下は非常に広く、どこの箇所であるかを特定することができないため、「真下」というイメージのunderを使うのは不自然になります。

　また、His score is below average.「彼の点数は平均以下だ」の場合、基準となる平均点が50点であれば、50点より下、つまり0〜49点と考えられます。

Quiz　underとbelow、どっちがどっち？

① 「〜の真下に」
② 「ある基準より低い位置に」

① underは、「〜の真下に」がコアイメージです。「何かに覆われている、すっぽり包まれている」イメージがあります。そこから「〜の状況下で」のようなフレーズを作ることもできます。
② belowは、ある基準より「下」がコアイメージです。上下、高低といった「位置」の低さや、数などが達していない「未満」などを表します。

〔答え〕① under　② below

レッスン9 across〜、through〜

蛇が道を横切っている。

どちらも「こちらから〜を渡り／通って、あちら側へ行く」という意味ですが、acrossとthroughの意味合いはそれぞれ異なります。

ねえマイク go acrossとgo throughの違いを教えてほしいんだけど

お安いごようさ！

あれを The snake is going across the road. って言うんだよ

ペットショップからヘビが逃げたぞーー！

う…うん…

蛇!?

The snake is going through your legs.
(蛇が足の間を通り抜ける)

ぎゃああ！

そしてそれは…

解説はいいから助けてよおおおお!!

違いをみてみよう！ コアイメージをチェック！

go across the road
道を横切っていく

　acrossはcross「十字架」から派生した単語です。acrossのイメージは、「道路などの平面的なものを、こちら側のA地点から向こう側のB地点まで、垂直に十字を描くように横切っていく」ということです。across the roadであれば、「通りを十字を描くように横切って渡った向こう側に」➡「通りの向こう側に」という意味を表します。

go through the tunnel
トンネルを通り抜ける

　throughは「立体的なある空間の中を、入口から出口まで完全に通り過ぎる」がコアイメージです。go through the tunnelであれば、「トンネルを立体的な空間ととらえ、入口から出口に至り、そのまま通り抜ける」➡「トンネルを通り抜ける」となります。go through your legsは「あなたの足の間を通り抜ける」です。

part 2 場所

理解を深めよう！ ワンランクアップ

across と through
を使った表現をみてみよう

🔖 across the board
全面的に／例外なく

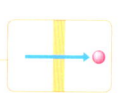

直訳すると「板を横切って」の意味ですが、この場合のboardは「特定の目的のための板」で特に「競馬の賭けをするための掲示板」を指します。across the boardは、もともとレースで単勝式・複勝式などを一度にすべて賭ける方法を指します。そこから「すべてを含む／広い範囲で」➡「全面的に／例外なく」という意味でも使われます。We need to review time management across the board.「全面的な時間管理の見直しが必要だ」のように言うことができます。

🔖 think through ～
～をよく考える

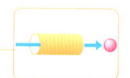

throughは「立体的な空間を通り抜ける」イメージなので、think though the problemであれば「問題という空間の中を通り抜けて考える」ということです。つまり「その問題について、解決／結論に至る最後までよく考え抜く」という意味になります。

またI'm through the book.であれば「本という空間を通り抜ける」ということなので、「本のページをすべて通り抜ける」➡「本を読み終える」という意味です。

レッスン9　across〜、through〜

🔖 through hard work
苦労して

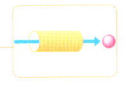

hard workは「激務／重労働」という意味です。through hard work「激務を通り抜けて／苦労して」は、激務を立体的な空間としてとらえ、「激務の中を通り抜けることによって（〜になる）」ということです。get straight A's through hard work「苦労してオールAを取る」のように使います。これは「手段」や「原因／理由」のイメージです。achieve 〜 through cooperation「協力を通じて〜を達成する」という表現もあります。またI know him through a friend.であれば「友人を通じて彼を知っている」ということです。

Quiz

次の ___ に入るのはacross？ through？

I walked _____ the crowd.

acrossはacross the street「通りを横切って」のように、平面的なところを横切っていくイメージです。throughはthrough the forest「森を通り抜けて」のように、立体的なところを通り抜けるイメージです。the crowd「人ごみ」は立体的な空間なので正解はthroughになります。

〔答え〕through　「私は人ごみの中を通り抜けた」

ネイティブがよく使う!
前置詞を使った日常フレーズ②

皆さんは、外国人がつたない日本語で一生懸命話そうとすることに好感を持ちませんか? それはネイティブも同じ。上手でなくても前向きに英会話を楽しもうとする姿勢が大切です。

It's just three stops from Shibuya.
渋谷からちょうど3つ目の駅です。

住んでいるところを聞かれたときは、誰もが知っているような駅や場所を起点として答えると、相手にもわかりやすいでしょう。

Let me show you around the city.
街をご案内しましょう。

Let me ~ は「私に~させてください」➡「~しましょう」の意味になります。

This is just a token of my appreciation.
ささやかですが、私の感謝のしるしです。

感謝を表すためにプレゼントをするときの決まり文句です。

Say hello to your wife.
奥さんによろしくお伝えください。

Give my best regards to ~ .「~によろしくお伝えください」のフレンドリーな表現。Say hi to ~ . でもOKです。

Part 3

「動作」を表す前置詞
基本編

Part 3では、fall in～とfall on～、stay in～とstay with～など、動詞と前置詞を組み合せた表現を紹介します。前置詞を使えば、基本的な動詞でいろんな表現ができるようになります。

レッスン 1 　be in 〜、be into 〜

超ハマるね！

be動詞は「〜である」という「状態」や「〜いる／ある」という「存在」を表します。be動詞が前置詞をともなった表現についてみてみましょう。

I'm really into cleaning!
（掃除って超ハマるね！）

お風呂すごいキレイになったな！
僕は庭を掃除するから
トイレよろしくね

わかったよ！

数時間後

たたたっ

ふー
トイレトイレ

さ！
キレイになった
トイレへようこそ！

ピカー

ちょッ！
I can't do my business in this bathroom!
（こんなトイレで用足せないよ！）

違いをみてみよう！ コアイメージをチェック！

be in 〜
〜の中にいる

　inは「入れ物の中に／空間内に」がコアイメージです。be動詞は「いる」ということ。She's in the ocean. なら「彼女は海という空間の中にいる」ので、彼女は泳いでいたり、波間に漂っているのでしょう。I'm in the bathroom. 「私はトイレにいる」のように、inのあとに場所がくればその空間の内部にいることがわかります。

be into 〜
〜に夢中である

　もともと「in + to」であるintoは「入れ物の中へ＋向かう」➡「移動」がコアイメージです（➡P70）。「中へ向かって入っていく」その対象は、具体的なものだけでなく「抽象的なものの中へ入っていく」➡「追求していく」という意味合いにもなります。つまり何かに没頭したり、熱中したり、夢中になっている様子を表します。

理解を深めよう！ ワンランクアップ

be ＋前置詞
のほかの表現をみてみよう

🟢 be behind bars
獄中にいる

　behindは「場所の後ろ／物の背後」がコアイメージです。barsは「刑務所の鉄格子」のこと。その後ろにいるので、「刑務所（獄中）にいる」ということになります。またI'm always behind you.は直訳すると「私はいつもあなたの後ろにいます」ですが、これは比喩的に「いつもあなたを応援しています／支持しています」という意味です。

🟢 be beyond description
筆舌に尽くしがたい

　beyondは「時間や場所を越えた向こう側に」がコアイメージです。またbeyondは抽象的な物の「範囲／限界の向こう側に」➡「範囲／限界を越えた」のように比喩的な意味で使われることもあります。The beauty of Mt. Fuji is beyond description.は「富士山の美しさは記述／描写の限界を越えている」➡「筆舌に尽くしがたい」です。

● behind と beyond の違い

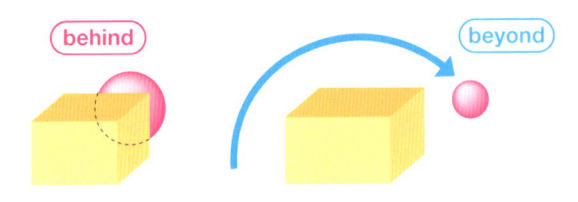

レッスン1　be in 〜、be into 〜

be in 〜、be into 〜
を使うネイティブ表現

I'm not in the mood for pizza tonight.
今夜はピザって気分じゃないわ。

She's heavily into American detective stories.
彼女はアメリカの探偵ものにはまっている／通である。

She's really into David.
彼女はデイビッドに夢中だ。

Quiz

次の英文の意味は？

He's in charge of this project.

＊charge：義務、責任

chargeは「義務、責任」という意味なので、be in chargeであれば「義務／責任の中にいる」ということです。すなわちbe in charge of 〜は「〜の義務／責任の中にいる」➡「〜の担当である」という意味になります。

〔答え〕「彼はこの企画の担当者です」

レッスン 2 do with 〜、do without 〜

これで間に合わせなよ！

動詞のdoには「〜をする」以外にも「間に合う」という意味があります。前置詞との関係からみてみましょう。

やばい！紙がない！

公衆トイレ

You'll have to do with this newspaper.
(この新聞で間に合わせなよ)

え〜！新聞なんかやだ！

トイレットペーパーと言ったらやっぱ花の香りのする柔らかダブルロールじゃないとね！

Okay, do without!
(文句言うならなしですませなよ！)

あーっ、置いてかないで〜！

違いをみてみよう！ コアイメージをチェック！

do with 〜
〜で間に合わせる

「〜と一緒に／共に」という意味のwithは「同調／同伴」がイメージです。do 〜 with …であれば「…と共に〜をする」ということ。またwithには「〜でもって／〜を使って」という「手段／道具」のイメージもあります。do with 〜は「〜を使って（何かを）する／処理する」➡「〜で間に合わせる／すませる」の意味となります。

do without 〜
〜なしですませる

withoutは「with + out」から成り、out「外に」がwith「〜と共に」を否定する「〜なしで」の意味です。with youは「あなたと一緒に」ですが、without youであれば「あなたなしで」という真逆の意味になります。do with 〜であれば「〜で間に合わせる」ですが、do without 〜は「〜なしで間に合わせる／すませる」の意味です。

理解を深めよう! ワンランクアップ

do ＋前置詞
のほかの表現をみてみよう

🖉 do as ～
〜として適する

asは「〜として」という「誰か（何か）の役職／機能」を表します。doはwillと共に使われると、「間に合う／役に立つ」という意味を表します。This dress will not do as formal wear.は「このドレスはフォーマルウェアの機能としては役に立たない」➡「フォーマルウェアとしては適さない」という意味です。

🖉 do for ～
〜の代わりになる

forには「〜の代わりに」という「代理」のイメージもあります。do for ～は「〜の代わりになる／間に合う」という意味です。This will do for the presentation.であれば、「まあプレゼンにはこれでいい（けどもっと使えそうなものがあるはずだ）」というややネガティブなニュアンスがあります。

● with と without

with 〜と一緒に／共に　　without 〜なしで

レッスン2　do with ~、do without ~

do with ~、do without ~
を使うネイティブ表現

I can do with this slow computer.
この（動作の）遅いコンピュータで間に合わせられる。

We'll have to do with this old computer.
この古いコンピュータでやっていかなければならない。

We'll have to do without a computer.
コンピュータなしでやっていかなければならない。

Quiz

次に入るのはwith？　それともwithout？

I'll have to do _____ these leftovers tonight.

do with ~は「~で間に合わせる」の意味ですが、そこから「~でどうにかする／我慢する」にもつながります。leftoversは「食べ物の残り物／食べ残し」の意味なので、この文は「今夜は残り物で我慢しなければならない」ということです。

〔答え〕with

レッスン3 come from ～、come under ～
大阪出身の山口です。

「来る」という意味のcomeは、そのあとに続く前置詞によって、さまざまな意味に変化します。come under ～の意味は何でしょう？

同僚の山口君だ 英語の勉強をしてて マイクと話してみたいんだってさ

I'm Taro Yamaguchi and I come from Osaka.
（大阪出身の山口太郎です）
よろしゅうたのんます

お、大阪!? お笑いで有名なあの…？

み、みんな！ 大阪の人がいるぞ！

大阪の人…
きっと面白いこと言ってくれるはず…

おお…
He has come under a lot of pressure.
（山口がプレッシャーを感じている…）
あのお気楽な奴が…

違いをみてみよう！ コアイメージをチェック！

come from 〜

〜の出身である

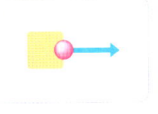

fromは「〜から」という「起点／出発点」がコアイメージです。I came from Osaka.「私は大阪から来た」と言うと、単に大阪という場所を出発点にしてやって来たことを表します。一方、I come from Osaka.は「大阪出身です」ということ。出身地は時間によって変化するわけではないので、常に現在形で表します。

come under 〜

（プレッシャー・攻撃など）を受ける

underは「何かの真下／何かがあるものの下にあり、全体を覆われている」イメージです。come under 〜は直訳すると「〜の下にやって来る」。何かの真下に入り、その上の物の重みなどを全体に受ける意味合いです。come under a lot of pressureは「たくさんのプレッシャーの下に来る」 ➡ 「プレッシャーを受ける」ということです。

理解を深めよう！ ワンランクアップ

come + 前置詞 のほかの表現をみてみよう

🔍 come into ～
〜の中に入っていく／〜という状態になる

intoは「中に向かって入っていく」という「動き」を表すので、He came into my room.「彼は私の部屋に入ってきた」は「入口でとどまることなく中へ入ってきた」ということです。

come into ～は抽象的な物事に対しても使い、「〜という状態になる」という意味を表します。The new law will come into effect next week.は「新法は来週発効する」の意味で、come into effectは「効力の中に入ってくる／有効へと変わっていく」➡「有効となる／発効する」ということです。

🔍 come through ～
〜を切り抜ける／乗り越える

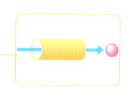

throughは「ある空間の中を入口から出口まで通り抜ける」イメージです。I came through the garden.「庭園を通ってきた」は、「庭園の入口から入り、園内を通り抜けて出口から出てきた」ということです。このgardenをdifficulties「困難」やa dark period「つらい時期」などに置き換えると、「その中を通り抜けてくる」➡「切り抜ける／乗り越える」という意味になります。

We finally came through a dark period.は、「私たちはようやくつらい時期を乗り越えた」という意味です。

レッスン3 come from ～、come under ～

come across ～
～を偶然見つける／たまたま出くわす

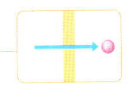

acrossは「（平面上を）横切って／越えて」がコアイメージです。come across the streetは「通りを横切ってくる」ということですが、I came across a nice café.になると意味合いが違ってきます。直訳すると「素敵なカフェ（の前）を横切ってきた」ということから「～を偶然に見つけた／たまたま出くわした」の意味になります。

come across ～は物だけでなく人に会う場合にも使え、I came across Tom at the library yesterday.は「昨日たまたま図書館でトムに出会った」ということです。

Quiz 次の英文の意味は？

My boss came through for us.

come through ～は「～を切り抜ける／乗り越える」の意味です。この場合は、たとえばみんなが減給になりそうだったけど、「上司がこの窮状を切り抜けてくれた／乗り越えてくれた」➡「頑張ってくれた」という意味になります。

〔答え〕「私の上司は私たちのために頑張ってくれた」

レッスン 4: go well with 〜、go against 〜

どっちにも反対！

goは「行く」という意味の自動詞（目的語を取らない動詞）として使われることが多いですが、前置詞が結びつく場合、さまざまな意味が生まれます。

ちょっと何ケンカしてるのよ2人とも！

マイクの奴がひどいんだ！

僕はただラーメンにはあんこを入れるとうまいって言っただけだ！

何言ってるんだよ
Mikan goes well with ramen!
（みかんのほうがよく合うんだよ！）

葵はどっち派だ!?

I have to go against both of them.
（どっちにも反対よ）

アホか！

違いをみてみよう！ コアイメージをチェック！

go well with 〜
〜によく合う／調和する

「〜と一緒に／共に」という「同調／同伴」のwithを使ったgo with 〜は、「〜と一緒に行く、同行する」という意味で、そこからほかの意味へもつながります。「よく、うまく」という意味の副詞wellをともなうと、go well with 〜「〜と共にうまくいく／〜と共にうまく歩調を合わせていく」➡「〜によく合う／調和する／釣り合う」となります。

go against 〜
〜に反する／反対する

against「〜に反対して／逆らって」は「反対／対立」をコアイメージとしています。ゴルフの中継で耳にする「風はアゲインスト」とは、風が正面から吹いている「逆風、向かい風」であるということです。go against 〜になると、「〜に対して（逆らって）行く」➡「〜に反する／反対する」という意味を表します。

理解を深めよう！ ワンランクアップ

go ＋ 前置詞
のほかの表現をみてみよう

🖊 go for ～
～を目指す

for「ある目的／対象へ向かって」というイメージから「目的」も表すので、go for ～であれば「～へ向かっていく／～を求めていく」 ➡「～を求めて努力する／目指す」を意味します。

go for the win は「勝ちにいく」、go for the gold は「金を求めていく」ということ。We're going for first place in today's competition. なら「今日の試合では私たちは1番を目指します」という意味です。

🖊 go at ～
～に襲いかかる／取りかかる

同じく場所を表す前置詞 on「～の上に」や in「～の中に」とは違い、at はより「狭い範囲」を指します（➡ P21）。そのイメージから at は「～をめがけて／目標を定めて」の意味も表します。go at ～であれば The lion went at the hunter.「ライオンはハンターをめがけて行った」➡「襲いかかった」ということです。

at のあとに job「仕事」などを置けば、「仕事という目標を定めて」➡「仕事に取りかかる」という意味を表します。They went at the job systematically.「彼らは組織的に仕事に取りかかった」のように言うことができます。

レッスン4 go well with ～、go against ～

go well with ～、go against ～
を使うネイティブ表現

Sunflowers go well with summer.
ひまわりは夏によく似合う。

Does this wine go well with beef?
このワインは牛肉と合いますか？

That goes against the grain.
それは性分に合わない。

Quiz

次の ____ に入る前置詞は？

It goes _____ common sense to do that without permission.

「許可なくそれをやることは常識に反します」

go against common sense は「常識に逆らっていく」➡「常識に反する」という意味で、without permission は「許可なく」の意味になります。

〔答え〕against

レッスン 5 speak against 〜、speak for 〜

僕を批判するのかい？

speak「話す」は、会話のような言葉のやりとりではなく、誰かが聴衆などに向かって話すイメージです。続く前置詞で、意味ががらりと変わります。

2人ともひどいや！
Why are you speaking against me?
（なぜ僕を批判するんだい？）

君を批判しているわけじゃないんだけど…

Nobody can speak for you on this.
（これぱっかりは誰もあなたを擁護できないわ）

マイク…君は…

趣味が悪い

すごいへや…

違いをみてみよう！ コアイメージをチェック！

speak against ～
～に反対意見を述べる／批判する

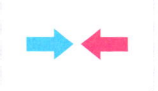

「～へ向かって（方向）」と「～のために（利益／恩恵）」のイメージをもつforの対極にあるのがagainstです。「反対／対立」を表すのでspeak against ～であれば「～に反対して／対立して話す」➡「反対意見を述べる／反論する」という意味になります。またspeak against ～は「～の批判をする」という意味としても使われます。

speak for ～
～を擁護する／～の代理で話す

for「～へ向かって（方向）」は「ある目的に向かっていく」ことから、「～のために」という「利益／恩恵」のイメージもあります。speak for ～は「～のために／利益になるように話す」➡「～を擁護する」ということ。forには「～の代理で／代わって」という「代理」の意味もあるので、speak for ～は「～の代理で話す」も表します。

113

理解を深めよう！ ワンランクアップ

speak ＋前置詞
のほかの表現をみてみよう

🔖 speak to ～
～に話しかける／講演する／演説する

toは「ある対象／目的に向き合いながらたどりつく」イメージなので、speak to ～であれば「～に向き合って話す」となります。I spoke to him for the first time.は「私は初めて彼に向き合って話した」➡「初めて彼に話しかけた」ということです。

またspeakには「聴衆などに話す／演説する」という意味があるため、speak to ～は「聴衆に向かって話しかける」➡「演説する／講演する」の意味にもなります。The professor spoke to the audience about genes.「教授は遺伝子について講演した」のように使うことができます。

🔖 speak from ～
～に基づいて話をする

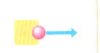

「～から」という「起点」がコアイメージのfromは、「物質的な起点」➡「起源／出どころ」を表す前置詞でもあります（➡P43）。speak from ～は「～を基にして話をする／基づいて話す」ということです。たとえばHe spoke from his experience.は「彼は経験を基にして話をした」➡「彼は経験から話した」となります。

レッスン5　speak against ~、speak for ~

speak for ~、speak against ~
を使うネイティブ表現

He always speaks for John.
彼はいつもジョンのために話す。➡いつもジョンを擁護する　かばう。

He spoke for his boss at the meeting.
彼は会議で上司の代理として話をした。

Many people are speaking against the new law.
多くの人が新法について批判をしている。

Quiz

＿＿＿に入る前置詞は？

① **He spoke ___ David.**「彼はデイビッドを擁護した」
② **He spoke ___ his memory.**「彼は記憶に基づいて話した」
③ **He spoke ___ the proposal.**「彼はその提案を批判した」
④ **He spoke ___ David.**「彼はデイビッドに話しかけた」

このように同じ動詞を使っている場合は、前置詞の基本的な意味をきちんと押さえることが大切になります。その上でフレーズを覚えてしまいましょう。

〔答え〕① for　② from　③ against　④ to

レッスン 6 call for 〜、call to 〜

誰かが助けを求める声が…。

callは「呼ぶ」だけではなく「立ち寄る／電話をする」などの意味もある動詞です。それに前置詞を続けることによる意味の変化をみてみましょう。

Uh? I think I can hear someone calling for help.
（ん？ 誰かが助けを求める声が…？）

おっ！あそこだ！

助けて〜

今助けます！

ん？何だろう 何か思い出すな…

どうしたマイク？

はっ！

"もぐら叩き"に似てる！

待って…
I'm having trouble calling that to memory.
（今思い出してるから…）

いいから早く助けてよ！

違いをみてみよう！ コアイメージをチェック！

call for ～

（協力を）呼びかける／～を要求する

「～へ向かって（方向）」をコアイメージとした for には、「ある目的に対して向かって」➡「～を求めて」という「目的」の意味もあります。call には「声を出して呼ぶ」の意味があるので、call for ～は「～を求めて声をあげる」➡「～を要求する／（協力）を呼びかける」になります。特に「大々的に呼びかける／訴える」場合などによく使われます。

call to ～

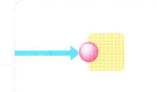

～に呼びかける

to は「何かがある対象／目的と向かい合い、最終的にたどりつく」イメージです。call to ～は「～に向かって／対して呼びかける」になります。call to conscience は「良心に呼びかける／訴える」ということです。また call for ～の文に to を加えて call to ～ for … 「～に…を呼びかける」として使うこともできます。

理解を深めよう！ ワンランクアップ

call ＋ 前置詞
のほかの表現をみてみよう

🍃 call at ～
～を訪問する

callには「立ち寄る」の意味がありますが、「～を訪問する」という意味を表すには前置詞が必要になります。atは「場所や時間の1地点」を表す「地点」がコアイメージです。これは「面」でも「上」でもない「1地点」 ➡「あるところ／場」を表します。

「私は本社を訪ねた」のように「ある場所」を訪ねるのであれば、I called at the company's headquarters.のように前置詞はatを使います。ただし、この言い方には若干古い感じがあり、現在ではvisitのほうが好まれます。

🍃 call on ～
～を訪問する

「ある物の上にピタリと乗っている」コアイメージのonには、「～に向かって／めがけて」という「対象」の意味もあります。callを使って「訪問する」と言う場合、対象が「地点」の場所であればatを用いますが、人である場合は「ある場所」にいる「誰か」であると考えられます。すなわち、前置詞はatよりももっとピンポイントの「ピタリと乗っている」onが適切です。「昨夜ジョンを訪問した」であればI called on John last night.となります。call at ～と異なり、call on ～は古くもなく、ネイティブは普通に使います。

レッスン6　call for 〜、call to 〜

● call at と call on

call at ＋ 場所

at は「場所や時間の1地点」を表す「地点」がコアイメージ

call on ＋ 人

on には「〜に向かって／めがけて」という「対象」の意味もある

Quiz

それぞれに入る前置詞は？

I called ① him ② help. But he was busy, so I'll call ③ him tomorrow.

「手伝ってほしいと彼に呼びかけました。しかし彼は忙しかったので、明日彼を訪ねるつもりです」

①は「彼に向かって呼びかける」のでto、②は「手伝ってほしい」➡「助けを求めている」のでfor、③は「彼を訪ねる」、つまり対象が人なのでonを使います。

〔答え〕① to　② for　③ on

レッスン7 fall in 〜、fall on 〜

恋に落ちたけど…。

fallは「落ちる」という意味の動詞ですが、「(物価が) 下がる」、「(日付などが) あたる」などの意味もあります。前置詞から違いが見えてきます。

おお…これは運命か…？

は？

あの女性の艶やかな髪！絶対美しい大和撫子に決まっている！

決めた！今すぐ告白してくる！

He only saw her from behind, but he fell in love with her.
(後姿だけで恋に落ちるなんて…)
さすがアメリカ人、積極的だ！

がくぅ

Why did you fall on your knees?!
(ひざをついて…どうした!?)

男性だった…

ポン

…

違いをみてみよう！ コアイメージをチェック！

fall in ～
～に落ちる

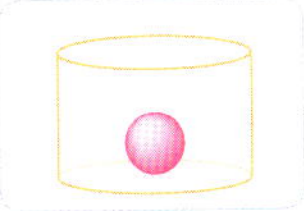

inは「入れ物の中に」がコアイメージです。fall in ～「～の中に落ちる」は具体的なものではなく、目に見えない「状態」にも「落ちる」という意味を表します。fall in loveは「恋に落ちる」ということ。「恋」という抽象的な空間の中に落ちることを表しています。He fell in love with her.は「彼は彼女と恋に落ちた」になります。

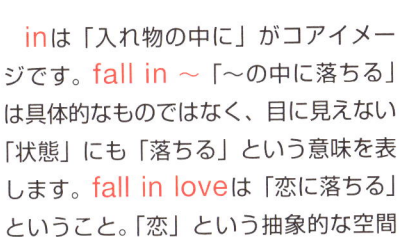

fall on ～
～にあたる

onには「特定の日の上にピタリと乗っている」イメージがあります（➡ P26）。fall on ～は「特定の日の上にピタリと落ちる」➡「（記念日や日程、行事などが）特定の日にあたる」を意味します。またfall on one's kneesは「自分のひざの上に落ちる」➡「ひざを折る／ひざまずく（ひざを屈する／ひざまずいて懇願する）」という意味です。

理解を深めよう！ ワンランクアップ

fall ＋前置詞 のほかの表現をみてみよう

fall for 〜

〜に引っかかる／だまされる

　for「〜へ向かって」は単なる「方向」だけでなく、抽象的な意味でも「何かに向かっている」ことを表し、「〜を求めて（目的）」の意味にもなります。fall for 〜は「何かを求めて落ちる／落ち込んでいく」➡「〜にひっかかる／だまされる」というネガティブな意味で使われます。Surprisingly, he fell for her story. は「驚くことに、彼は彼女の話に引っかかった」という意味です。

● for のイメージのまとめ

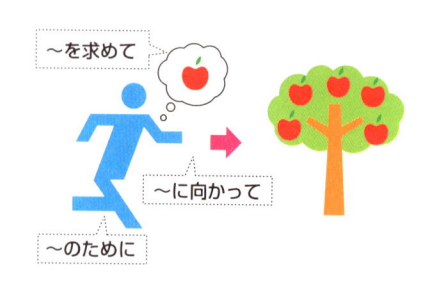

〜の代わりに

〜を求めて

〜に向かって

〜のために

※そのほか、「〜の間」「〜にとって」の意味もある。

レッスン7　fall in ~、fall on ~

fall to ~
～まで落ちる／～にかかる

toは「ある対象／目的に向けて➡が進み、最終的に到達点へたどりつく」イメージです。そこからtoは「～まで」という「限度／限界」も表します（➡P81）。fall to ~は「何かが落下していき、～という到達点に至る」➡「～まで落ちる」の意味になります。The temperature fell to almost zero degrees.は「温度はほぼ0℃まで下がった」という意味です。It falls to you.のように、toのあとに人がくる場合には「それはあなたのところまで落ちる」➡「あなたの肩にかかっている」という責任を表します。

Quiz　共通する前置詞は？

① I fell _____ a pile of leaves.
② She fell _____ the mud.

① 私は落ち葉の山に落ち込んだ。
② 彼女は泥にはまった。
　いずれも落ち葉の山、泥の表面から底のほうまで落ち込んでいるイメージです。
　そのため答えは「中へ」という移動を表すintoになります。

〔答え〕into

レッスン8 look to 〜、look beyond 〜

将来に目を向けてる。

look「見る」は自動詞として使われる場合が多く、Look at me.「私を見て」のように、前置詞が必要になります。ここではほかの例もみてみましょう。

お前の妹、留学目指してるんだって？
She's always looking to her future, and she's so cute.
（かわいいし、将来に目を向けてるし偉いな！）

じゃーなー

You have to look beyond her appearance.
（見た目で判断しないほうがいいよ）

お兄ちゃん！

あのドラマ録画しといて！
あっ、出かけるならチョコ買ってきて！

来た…

女の本性なんてこんなもんさ…

ネコかぶりやがって！

違いをみてみよう！ コアイメージをチェック！

look to ～

～を目指す／頼る・あてにする

toは「何かがある対象／目的と向かい合い、最終的にたどりつく」イメージなので、look to ～は「～の方向へ目を向ける／目をやる」➡「～を目指す」という意味を表します。look to the futureなら「未来へ目を向ける」➡「未来を目指す／志向する」ということです。また「目を向ける」から「～を頼る／あてにする」も表します。

look beyond ～

～の先を思い描く

beyondのコアイメージは「時間や場所を越えた向こう側に」で、抽象的に「～を越えた／～の域を越えた」の意味も表します。look beyond ～は「～を越えた向こう側を見すえる」➡「～の先を思い描く」ということです。look beyond someone's appearanceは「人を見た目で判断しない」という意味です。

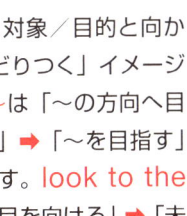

理解を深めよう！ ワンランクアップ

look ＋ 前置詞 のほかの表現をみてみよう

🔖 look on ～ as …
～を…とみなす

onには「ある物の上にピタリと乗っている／接している」コアイメージのほかに、「～に向かって／めがけて」という「対象」のイメージがあります（➡P118）。つまり、look on ～は「～を対象として見る」という意味を表します。前置詞のasは「～として」という意味なので、look on ～ as …は「～を…とみなす／考える」となります。We look on him as a leader.は「私たちは彼をリーダーとみなしている」ということです。

🔖 look into ～
～を調査する／研究する

intoは「～の中へ入っていく」という動きを表し、具体的なものだけではなく「抽象的なものの中へ入っていく」➡「追求していく」というイメージも表します（➡P72）。look into ～は「～を追求して見る」➡「調べる／研究する」の意味になります。

look into the causeは「原因を調べる」、look into genesは「遺伝子を研究する」ということです。intoのあとを名詞ではなく、一般的なitにしたI'll look into it.は「調べてみます」ということになります。ネイティブがよく使う表現です。

レッスン8 look to ～、look beyond ～

look to ～、look beyond ～
を使うネイティブ表現

We all looked to our boss for guidance.
私たちはアドバイスを求めて上司を頼った。

We have to look beyond the present.
現実ばかりを見ていてはいけない（先のことを考えなければならない）。

Quiz

次の文の意味は？

We have to look beyond the surface of this problem.

「問題の表面の向こう側を見る」ということは「表面だけではないものを見る」ということなので、「掘り下げる」という意味を表します。

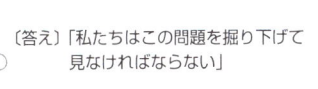

〔答え〕「私たちはこの問題を掘り下げて見なければならない」

レッスン9 stay in ～、stay with ～
同僚の家に滞在したよ。

stayは主に「滞在する／とどまる」という意味を表す動詞ですが、結びつく前置詞によって微妙な使い分けが生じる動詞でもあります。

ただいま

出張おつかれさま！
今回はどこに泊まったの？

I stayed with my colleague in Canada.
（カナダにある同僚の家に滞在したよ）
すごい豪邸だったんだ

でも出張中は仕事ばかりで
まったく
満喫できなかったよ…

いいなあ
仕事で海外の豪邸に
泊まれるなんて！

私も早く
社会人になりたい！

ゲッソリ

やっぱり学生の
ほうがいいわ…

違いをみてみよう！ コアイメージをチェック！

stay in ～
～に滞在する

inのコアイメージは「～の中に」なので、We stayed in Yokohama.「私たちは横浜に泊まった」からは、横浜という街の中のどこかに泊まったことが想像できます。一方、場所の「地点」を表すatを使ったWe stayed at Yokohama.は「横浜駅の線路沿いなど、駅の周辺に泊まった」というイメージになり、これはあまり使いません。

stay with ～
～のところ（家）に泊まる

with「～と共に」には「同伴」のイメージがあるので、stay with a friendと言えば「友人と共に泊まる」という訳が思い浮かぶかもしれません。しかしstay with ～は「～と共に滞在する／いる」➡「～のところ／家へ泊まる」という意味の決まり文句です。I stayed with my friend.は「友だちの家に泊まった」という意味です。

理解を深めよう！ ワンランクアップ

stay＋前置詞
のほかの表現をみてみよう

stay to ～
～までゆっくりする

「滞在する／とどまる」の意味をもつstayに、「～へ」という対象に向かってたどりつく「到達点」をコアイメージとしたtoを組み合わせたstay to ～を考えてみましょう。

たとえばstay to dinnerは「夕食という到達点に向かって滞在する／とどまる」となります。これは「夕食までそこにとどまる」➡「夕食までゆっくりする」という意味になります。Why don't you stay to the end of this DVD?は「このDVDが終わるまでゆっくりしたら？」ということです。

stay at ～
～を頑張る

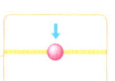

atは「地点」をコアイメージとしています。stay at a hotel「ホテルに滞在する」は「ホテル」という1地点に滞在することです。しかし、atのあとにくる名詞は必ずしも実際の場所である必要はありません。Stay at your work until you finish it.なら「終わるまで仕事という1地点に（じっくり）とどまりなさい」➡「仕事を頑張りなさい」という意味です。Stay at it!は「頑張れ！／その調子だ！」という人を励ます決まり文句になります。

レッスン9　stay in 〜、stay with 〜

stay
を使ったネイティブ表現のまとめ

We stayed in/at a hotel in Yokohama.
横浜（という街の中）のホテルに泊まった。
❖「ホテルに泊まる」の場合、inとatはどちらでもOK。inのほうがatより「ホテルの中にいる　とどまっている」という意味合いが強くなります。

I stayed at a hotel with my friend.
友人と一緒にホテルに泊まった。
❖「〜と共に滞在する」という意味でstay with〜を使うときは、stayのあとに泊まる場所を入れます。

Quiz
次の文は合っている？　間違っている？

① (　) I stayed with my friend's room.
② (　) I stayed with my friend.
③ (　) I stayed at the hotel with my friend.

　withのあとには人が続きます。そのため、「友だちの部屋」が続いている①は誤り。②stay with my friendであれば「友だちのところへ泊まる」となります。atは「地点」のイメージなので、③のように、後ろには「場所」がきます。

〔答え〕① （×）　② （○）　③ （○）

Part 3 動作（基本）

レッスン 10 keep to 〜、keep at 〜

根気よく練習すれば…。

「キープする」のように、keep「続ける／保つ」はその意味合いが広く認知された単語です。前置詞が結びつくとどのようなフレーズができるでしょうか。

日本はいろいろなマナーやしきたりがあるね
It's hard to keep to the rules.
（それらを守るのは大変だよ）

If you keep at it, you'll get used to it.
（根気よく練習すればそのうち慣れるさ）

そうかなあ…

1カ月後

慣れました

慣れすぎだよ！

違いをみてみよう！ コアイメージをチェック！

keep to 〜
〜に従う／守る

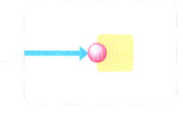

toのコアイメージ「ある対象／目的と向かい合いながらたどりつく」からは、対象と向き合っているところがイメージできます。keep to 〜は「〜に向き合って続ける／保つ」ということ。keep to the leftは「左側から離れずにいる」➡「左側通行する」、keep to the rulesは「そのルールを守る」ということです。

keep at 〜
〜を根気よく続ける

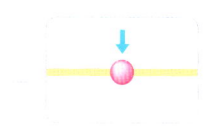

atのイメージは「地点」なのでat a tough taskだと「困難な仕事という地点で」になります。keep at a tough taskになると「困難な仕事という地点でずっと続けている／そこから離れずにいる」➡「困難な仕事を根気よく続ける」という意味になります。このように、keep at 〜の後ろには仕事などを表す語句を続けます。

理解を深めよう！ ワンランクアップ

keep＋前置詞 のほかの表現をみてみよう

🔖 keep with ～
〜と調子を合わせる／歩調を合わせる

withは「〜と一緒に／共に」という「同調／同伴」がイメージの前置詞です。keep with ～は「〜と共に続ける／保つ」の意味。たとえばkeep with the party platformならば「党の綱領と共に、離れずに続ける／党の綱領と共に進んでいく」イメージが浮かびます。すなわち「党の綱領に歩調を合わせる／沿う」ということ。

またThis new product keeps with the corporate image.「この新製品は企業イメージと共に進んでいく」➡「調子を合わせる／調和を保つ」と考えれば自然でしょう。

🔖 keep ～ off …
〜を…から離す／近づけない

offは「分離／離れる」がコアイメージですが、徐々に距離が離れていくawayと違って、「瞬時に離れる」イメージがあります。off the fenceであれば「柵から離れて」という分離の状態がわかります。keep children off the fenceは「子どもを柵から離れた状態に保つ」➡「子どもを柵から離す／柵に近づけない」という意味になります。

同じようにkeep dogs off the grassであれば「芝生に犬を近づけない」ということです。Keep your feet off the couch.は「長椅子から足を離しなさい」という意味です。

レッスン10　keep to 〜、keep at 〜

keep at 〜、keep to 〜
を使うネイティブ表現

Keep at it!
頑張れ！
※人を激励する決まり文句。

We have to keep to the school rules.
校則と離れずに向き合わなければならない。
➡校則に従わなければならない。

Quiz

_____ に入るのはto？ それともat？

We have to keep _____ the theme.

「私たちはテーマからそれてはいけない」

keep to 〜は「〜に向き合って続ける／保つ／離れない」➡「〜に従う／守る」の意味です。keep to the themeであれば、「テーマに向き合い続ける／従う」➡「テーマからそれない」の意味になります。

〔答え〕to

レッスン 11 break with 〜、break through 〜

ベンと絶交したんだって？

breakは「壊す／砕く／破る」などネガティブな意味をもつ一方で、「打破する」などポジティブな意味もあります。前置詞で使い分けられます。

マイク…
You broke up with Ben?
（ベンと絶交したんだって？）
何があったんだい？

ちょっとお願いをしただけだよ
We need to break through this difficult situation.
（今僕たちは危機的状況を打破しないといけなくて…）

僕でよければ手を貸すよ！

翔太…！

ありがとう！
文化祭の劇で怪物をやってくれる人を探してたんだ！

君にピッタリ！

絶交だ、マイク！

違いをみてみよう！ コアイメージをチェック！

break (up) with 〜
〜と関係を断つ／絶交する

「〜と共に／一緒に」という「同調／同伴」がコアイメージのwithには、「対立」のイメージもあります。break (up) with 〜は「〜と対立して壊す」のイメージから「〜と関係を絶つ／絶交する」の意味になります（人との関係を言うときにはupが必要です）。withが表すのが「対立」か「同調」かは文の意味から判断することが可能です。

break through 〜
〜を打ち破る／打破する

throughのイメージは「通り抜けて」、breakは「突破する」の意味なので、break through the wallsは「壁を通り抜けて突破する」となり「壁を打ち砕いて突破していく」イメージが浮かびます。break through 〜に「困難／病気」などの抽象的な単語を続けると「〜を打破する／克服する」の意味になります。

理解を深めよう！ ワンランクアップ

break ＋前置詞
のほかの表現をみてみよう

🔖 break into ～
~に不法侵入する／押し入る

intoは「～の中に向かって入っていく」というコアイメージなので、break into ～は「壊して中に入り込む」→「～に押し入る／不法侵入する」という意味を表します。
A robber broke into my house and took all my money.
「強盗はわが家に押し入り、有り金を持っていってしまった」であれば、強盗がドアなどを壊して無理に押し入ったイメージがわきます。

🔖 make a break for ～
~に急いで向かう／逃走する

forは「～へ向かって」という「方向」がコアイメージです。名詞のbreakには「破壊／逃亡／脱走」などの意味があるので、make a break for ～は「～へ向かって突然走る／逃走する」の意味になります。She made a break for the bathroom after the movie ended.「映画が終わって、彼女はトイレへ向かって急いで走った」は、今までじっとしていた彼女がその状況を破り、急いでトイレへ向かって走り出すイメージです。

レッスン11　break with 〜、break through 〜

withのイメージ
のまとめ

同調／同伴：〜と一緒に／共に (➡P101)
He's doing business with Chinese companies.
「彼は中国の会社とビジネスをしている」

手段／道具：〜でもって／〜を使って (➡P101)
cut the cake with a knife 「ケーキをナイフで切る」

対立：「同調／同伴」と真逆のイメージ (➡P137、191)
argue with 〜 「〜と言い争う／議論する」
have a confrontation with 〜 「〜と対立する／対峙する」

Quiz

次の英文の意味は？

The sun began to break through the clouds.

　break through〜は「〜を打ち破る」の意味ですが、この場合は「太陽の光が雲という立体的な空間を割り入るように通り抜ける」➡「太陽が雲間から（光を放ちながら）現れる」というイメージです。

〔答え〕「太陽が雲間から現れ始めた」

レッスン 12 get into 〜、get at 〜

真実に気づいたのね。

getには「得る／達する」など、多くの意味があり、getだけで1冊の本ができるほどです。前置詞との組み合わせで変わる多彩な意味にふれましょう。

ついにわかったぞ…！
That's the reason why I'm always getting into trouble.
（僕がトラブルに巻き込まれまくる理由…！）

You finally got at the truth.
（ついに真実に気づいたのね）
で、原因は何なの？

お前たち2人だよ!!

す…すみません…

違いをみてみよう！ コアイメージをチェック！

get into ～
～に足を踏み入れる／～に巻き込まれる

intoは「中への移動」を表します。get into ～は「～の中に達する」➡「～の中へ入る／（深く）足を踏み入れる」という意味になり、get into the bus「バスに乗り込む」はバスの入口から内部へ進むことを表します。get into troubleは「トラブルの中に入る」➡「トラブルに巻き込まれる」ということになります。

get at ～
～に到達する

atのコアイメージは「地点」です。getには「達する」の意味があるので、get at ～は「～（の地点）に到達する」となります。到達場所はatが「地点」なので狭いイメージです。get at the conclusionは「結論に達する」、get at the truthは「真実に到達する」➡「真実をつきとめる」ということになります。

理解を深めよう！ ワンランクアップ

get ＋ 前置詞 のほかの表現をみてみよう

🔖 get over 〜
〜を乗り越える／克服する

overのコアイメージは「下の物に接触しない上のほう」、「接触せずに越えていく」です。get over 〜は「〜を越えて（ある場所へ）達する」➡「〜を乗り越える／克服する」になります。get over a huge rock「巨大な岩を乗り越える」のように実際の物体だけでなく、抽象的な「病気」などにも「乗り越える／治癒する」と表せます。また、たとえば失恋したあとに「（乗り越えて）諦める／忘れる」のようにも使えます。

🔖 get within 〜
〜の範囲内に入る

withinのコアイメージは場所／時間共に「範囲」の外壁（境界線）を非常に明確にしていることと、時間や場所に使う場合に境界線を含まないことで、「その中にすっぽり収まっている」イメージがあります（➡ P33）。get within 〜はget within distance of 〜「〜の範囲内に入る」、あるいはget within range of 〜「〜の射程に入る／〜が当たる範囲に入る」としてよく使われます。たとえば、You need to get within distance of the cell tower to get a signal.「信号をキャッチするためには基地局の範囲内に入る必要がある」などです。

レッスン12　get into ~、get at ~

● over と under、above と below

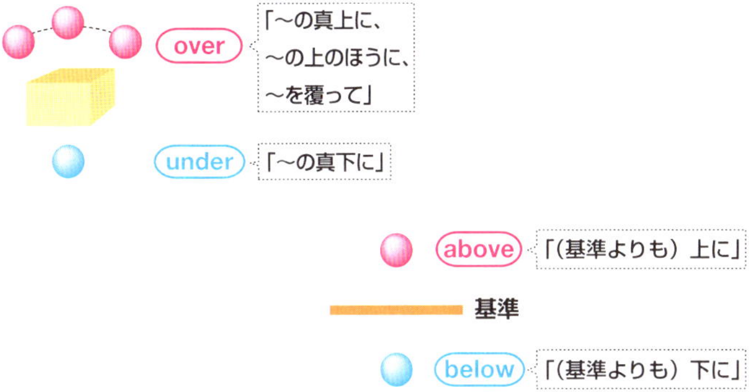

over 「~の真上に、~の上のほうに、~を覆って」

under 「~の真下に」

above 「（基準よりも）上に」

基準

below 「（基準よりも）下に」

Quiz　日本語の意味に合う前置詞は何？

「彼がどんなに怒ったか忘れることができない」

I can't get _____ how angry he was.

get over ~ は「~を乗り越える／克服する」の意味なので、「乗り越えられない／克服できない」→「忘れられない」という意味になります。

〔答え〕over

レッスン13 ask after 〜、ask for 〜

彼の様子はどうだって？

askは「尋ねる／質問する」の意味ですが、そのあとに続く前置詞によって「求める／要求する」などの意味が出てきます。違いをみていきましょう。

マイクが怪我して入院した！？

Did you ask after him in the hospital?
（病院で彼の様子はどうだって？）

大丈夫 ものすごい元気よ だって…

He even asked for four servings of rice.
（ご飯を4杯もおかわりしてるみたいだから）

もっとー！

もうダメですっ！

違いをみてみよう！ コアイメージをチェック！

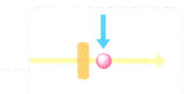

ask after 〜
人の様子／安否を尋ねる

　afterのコアイメージは「〜のあと」です。after 3 o'clock「3時のあと」➡「3時過ぎ」のように時間だけでなく、After you「どうぞお先に（私はあなたのあとで）」のように、「（何かの）あとに続いていく」というイメージもあります。ask after himは「彼のあとに続いて（追うようにして）質問する」➡「様子や安否を尋ねる」ということです。

ask for 〜
〜を求める／要求する

　「方向」を表すforは「〜に向かって」というコアイメージから、「抽象的な物事に向かっていく」という「〜を求めて」の意味も表します。ask for 〜であれば、「〜を（追い）求めて尋ねる」➡「求める／要求する」という意味になります。He's asking for another serving of rice.なら「彼はおかわりを求めている」ということです。

理解を深めよう！ ワンランクアップ

ask ＋ 前置詞
のほかの表現をみてみよう

🟩 ask about 〜
〜について尋ねる

aboutは漠然とした「〜のあたり／周辺」をコアイメージとしています。特に指す範囲は明確ではなく「対象の周辺（にあるもの）」から、「対象について／関して」というイメージも生まれます。

ask about 〜であれば「〜について質問する／尋ねる」という意味になります。I'd like to ask about the current situation in that country.であれば「あの国の現況について尋ねたいと思います」という意味です。

🟩 ask around 〜
〜を聞き回る／尋ね回る

もともとround「丸い」からきており、対象の周りをぐるりとひと回りする「周囲」がaroundのコアイメージです。ask around 〜であれば、「〜の周りを回って尋ねる」➡「聞き回る／尋ね回る」の意味になります。この場合aroundの後ろにくるのは場所が多く、たとえばI'll ask around the neighborhood for information.「情報を求めて近隣を聞き回ろうと思う」のように使います。

レッスン13　ask after ~、ask for ~

●時間を表す in と after の比較

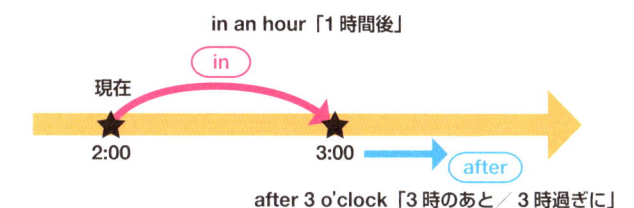

in an hour「1時間後」

現在　2:00 → 3:00　（in）

after 3 o'clock「3時のあと／3時過ぎに」（after）

Quiz

次の英文の意味は？

You're asking for trouble!

　ask for ~は「~を求める／要求する」の意味なので、この文を直訳すると「君はもめごとを求めている！」➡「自ら災難を招いている／軽率なことをしている！」となります。ネイティブの感覚では「けんかを売っているのか！」ということになります。

〔答え〕「けんかを売るつもりか！」

レッスン14　answer to 〜、answer for 〜
説明しろ！

answerは前置詞なしで「〜に答える／返事をする」などの意味を表します。前置詞が結びついて、「従う」や「責任を負う」など、意味が異なってきます。

You have to answer to me!
（おい！説明しろ!!）

ギクッ

なによ怖い顔して…かわいいイタズラじゃない！

これのどこがかわいいんだ！会社で恥をかいだぞ！

デコケータイ

You have to answer for this!
（罪に対する報いを受けろ！）

そんな〜

おやつ没収！

違いをみてみよう！ コアイメージをチェック！

answer to ～

（人）に対して責任を負う

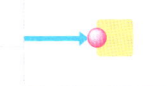

answer to ～は「～に向かって答える」となります。この場合の「答える」は、ただ返事をするだけではなく、「（人）に対して説明責任を負う」という意味。answer to the clientは「顧客に対して説明する義務を負う」ということです。answer to the bossであれば「上司に対して説明責任を負う」➡「上司に従う／～が上司である」です。

answer for ～

～の報いを受ける

for「～に向かって」には「方向」のイメージのほか、「～を求めて」という「目的」や、「～の代わりに」という「代理」の意味もあります。answer for ～は「～と交換して答える／応じる」という意味を表します。answer for one's crimeであるならば「自分で犯した罪と交換に責任を取る」ということです。

149

理解を深めよう！ ワンランクアップ

answer ＋前置詞
のほかの表現をみてみよう

answer with ～
（行為）で答える

withは「～と一緒に／共に」という「同調／同伴」がコアイメージです。I have a little money with me.「お金を少し持っている」は貯金通帳や財産とは関係なく、今「私と共にあるお金」➡「手元にあるお金」という意味になります。「手元にある／持っている」というイメージからwithを「方法／手段」と考えることができます。

answerに「with＋行為」をともなうと、「～という行為で答える／応じる」という意味を表します。answer with a quick response「素早い応答で答える」、answer with a nod「うなづきで答える」のように使うことができます。

answer to ～、answer for ～
を使うネイティブ表現

I have to answer to David.
私はデイビッドの部下である／デイビッドは私の上司である。

I have to answer for my failures.
自分の失敗と交換に報いを受けなければならない／自分の失敗には自分で責任をとらなければならない。

レッスン14　answer to ～、answer for ～

「～に従う」
という意味の表現のまとめ

Who do you answer to?
あなたは誰に対して説明責任を負うか。➡あなたの上司は誰か？
※ネイティブがよく使う表現。

We have to keep to the regulations even if we don't agree with them.
たとえ賛成していなくても、規則に従わなければならない。

Quiz

_____に共通して入る前置詞は？

① answer _____ a smile
② answer _____ a bow
③ answer _____ confidence

① 「ほほえみをもって答える」
　➡「ほほえんで答える」
② 「おじぎをもって答える」➡
　「おじぎで答える」
③ 「自信をもって答える」

〔答え〕with

レッスン 15: agree to ～、agree with ～

賛成です。

agree with ～は「人に同意する」、agree to ～は「提案などに同意する」と習った人も多いはず。ですが、実は両者にはニュアンスの違いがあるのです。

課長に同意を求められたから **I agree to that.**（賛成です）って言ったんだけど複雑な顔をされたんだ

同意したのに何でかな？

それだと『しぶしぶ賛成した』って意味合いになるからじゃない？完全に同意してるなら **I agree with you.** のほうがよかったね

なるほど！ところで夕飯は焼き魚にしようと思うんだけどどうかな？

あ… **I agree to that.** （い、いいんじゃない？）

魚キライ。

なるほどこう使うのか…

違いをみてみよう！ コアイメージをチェック！

agree to 〜
〜に同意する

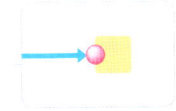

　toはwith「〜と共に」のような「同伴」の意味合いがないため、「快く同意する」というよりも「仕方なく（歩み寄って）同意する」というイメージになります。ネイティブがI agree to that.と言う場合は「（仕方ないけど）それに賛成するよ」という意味になり、「承認する／納得する」といった意味合いが強くなります。

agree with 〜
〜に賛成する

　withの「〜と一緒に／共に」という「同調／同伴」のコアイメージから、I agree with you.は「あなたと一緒に／あなたと共に」➡「私はあなたと同感です／あなたの意見と同じです」となります。withのあとには「人」だけでなく、「提案や申し出」なども入り、ビジネスだけでなく日常のちょっとした提案などに快く賛成するときに使います。

理解を深めよう！ ワンランクアップ

agree ＋ 前置詞
のほかの表現をみてみよう

🖊 agree on ～
～に同意する

onの「～の上にピタリと乗っている」というイメージから、agree on ～は「比較的範囲の小さいものにピタリと乗って、賛成する／同意する」ということが想像できます。

たとえば、何かのプランを協議し、agree onを使うのであれば、プランそのものではなくその中の「条件や文言など具体的なことに同意する」という意味合いです。The two companies agreed on the venue.は「2社は開催地に同意した」ということ。agree on ～はフォーマルな文書で使われることが多い表現です。

🖊 agree about ～
～について意見が一致する

「～のあたり」という対象の「周辺」がaboutのコアイメージです。「対象のあたり／周辺（にあるもの）」という意味合いから、aboutには「対象について／関して」というイメージもあります。

agree about ～であれば「(何人かの人たちの) ～についての意見が一致する／意見が合う」ということ。日常会話で好まれる言い回しです。They couldn't agree about a place to get married.は「彼らは結婚する場所について意見が一致しなかった」ということです。

レッスン15 agree to 〜、agree with 〜

agree
を使った表現のまとめ

agree with 〜　〜に賛成する

agree to 〜　〜に同意する
※ I agree to you. のように、to のあとに「人」がくることはない。

agree on 〜　〜に同意する

agree about 〜　〜について意見が一致する

Quiz

次の英文に共通する意味は？

① You hit the nail on the head.
② I completely agree with you.
③ I agree with you 100 percent.

　I agree with you. は「あなたの意見に賛成です」ですが、「大賛成」と言うときは上のように言うことができます。①の nail on the head は「くぎの頭」。「小さなくぎの頭を叩く」➡「的を射ている」の意味になり、「ズバリですね」という言い方です。
〔答え〕「あなたの意見に大賛成です」

ネイティブがよく使う！
前置詞を使った日常フレーズ③

ここでも、「何か食べたいものある？」など、友人や同僚に使ってみたい表現を紹介しましょう。使ってみたら、ネイティブもきっと喜んでくれるはずです。

Any ideas for lunch?
昼食に何か食べたいものはある？

Any ideas for ～? は「～に対して何か考えはある？」の意味で、for のあとには the summer vacation「夏休み」など、さまざまな言葉を続けることができます。それに対する答えは、I'll leave it up to you.「君に任せるよ」などになります。

I'm trying to cut down on sweets.
甘い物を減らそうとしているの。

cut down on ～は、甘いものだけでなく「（飲食・数量・時間・事故・病気など）を減らす／削減する」の意味でも使えるひと言です。

I'm on cloud nine.
天にも昇る気持ちです。

起源は諸説ありますが、一説にはアメリカの気象用語で最も空の高いところに発生する積乱雲の番号が9番であったことから生まれた表現だとか。I'm on top of the world. も同じ意味です。

I finished the report at the eleventh hour.
土壇場でレポートを終えた。

聖書から来た表現。11時は当時の夕方の5時頃。昔は日暮れから1日が始まったと言われています。at the eleventh hour は「日付が変わる時点」➡「土壇場で」。at the last minute も同じ意味です。

Part 4

「動作」を表す前置詞
応用編

Part 4では、make after ～「～を追いかける」や、run for ～「～に立候補する」など文字から意味が想像しにくい表現を紹介します。前置詞を使いこなして、表現の幅をぐっと広げましょう。

レッスン 1 live in 〜、live under 〜

カナダに住むんだ！

動詞 live と前置詞の組み合わせで真っ先に思い浮かぶのが live in 〜「〜に住む」だと思いますが、under や for、by なども使われます。

もうすぐ卒業ね〜
I'm going to live with my boyfriend in Canada.
（私、彼とカナダに住むんだ）

へえ！
私も彼と同棲するの

おめでと〜

…

Well, I already live under the same roof with a guy!
（わ、私もすでに男の子と一つ屋根の下に暮らしてるんだから！）

えっ!? 彼氏と!?

猫（オス）と…

…

どーん

158

違いをみてみよう！ コアイメージをチェック！

live in 〜
〜に住む／生きる

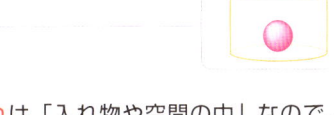

inは「入れ物や空間の中」なので、I live in Canada.は「カナダ（の中）に住んでいる」ということです。live in the past「過去に生きる」は「過去」を空間ととらえてその中に生きていること。現在に参加せず、将来の計画も立てずにひたすら過去の思い出に生きるイメージです。live in the presentも同様に「今を生きる」の意味です。

live under 〜
〜の下で生きる

underは「何かがすっぽりと覆われている、その真下に」というイメージです。We live under the same roof.は「私たちは同じ屋根の下に住む」→「ひとつ屋根の下に住む」の意味です。We live under a dictatorship.は「私たちは独裁政権下で生きている」で、underのイメージ「覆われている」から、抑圧されている感じがわかります。

Part 4 動作（応用）

理解を深めよう！ ワンランクアップ

live＋前置詞 のほかの表現をみてみよう

🖊 live for 〜
〜を生きがいにする

forには「〜のために」という「利益／恩恵」の意味もあるので、live for 〜は「〜のために生きる」となります。He lives for his work.「彼は仕事のために生きている」は「仕事が生きがいである」ということ。I live for Johnny Depp.「私はジョニー・デップのために生きているのよ」➡「ジョニー・デップ一筋なの」ということになります。

ほかにも、Right now, I'm just living for today.「とにかく今、この瞬間を生きている」やI live for my family.「家族が生きがいです」などのように使えます。

🖊 live by 〜
〜に頼って生きる／〜で生活する

by「そばに／近くに」のコアイメージから、「(そばにあるから)使うことができる／利用できる」➡「〜で／〜によって」という「手段」も表します（➡P39）。

We live by the church.は「私たちは教会のそばに住んでいる」ですが、He lives by his cleverness.は「彼は賢さによって生きている」という意味です。He lives by begging.「彼は物乞いによって生きている」は「彼は物乞いをして生きている／生活している」ということです。

160

レッスン1　live in ~、live under ~

live under ~、live by ~
を使うネイティブ表現

We live under the threat of terrorism.
私たちはテロの脅威の下に生きている。

Live by the sword, die by the sword.
剣によって生きよ。剣によって死せよ。
➡剣に生きれば、剣で死ぬことになる。　❖「自業自得」の意味。

Quiz

次の____に共通する前置詞は？

① The sidewalk is _____ construction.
② The proposal is _____ consideration.

　underは「~の真下」がコアイメージです。①は「工事の真下にいる」、②は「検討・考慮の真下にいる」、つまりどちらも「~の最中だ」ということになります。①は「歩道は工事中だ」、②は「提案は検討中だ」という意味です。

〔答え〕under

レッスン2: talk at 〜、talk 〜 into …

一方的に話してもだめだ。

talk「話す」と言っても、話し方はいろいろです。そのいろいろを表せるのが前置詞。前置詞のイメージを踏まえながら、「話し方」を学びましょう。

You can't just talk at Aoi. You have to talk her into changing her mind.
（一方的に話してもだめだ　心変わりさせるように説得するんだ）

わかった

やっぱ肉を楽しむなら焼肉に決まってるだろ！

いーえ　断固として低カロリーなしゃぶしゃぶよ!!

決まらないなら夕飯はすき焼きにするわ

オカン

違いをみてみよう！ コアイメージをチェック！

talk at ～
～に一方的に話す

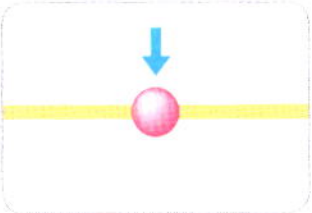

　talkは2人以上が「会話をする」の意味で、場所の「地点」を表すatを使ったtalk at ～は、相手を1地点ととらえ、そこを目がけて話をするイメージです。一方的に話をする意味で、会話をしていることにはなりません。Talk to me, not at me.は「一方的にではなく、私と会話をしてください」という意味になります。

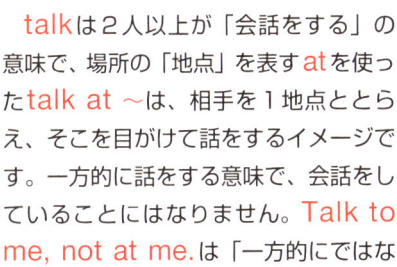

talk ～ into …
～に…するように説得する

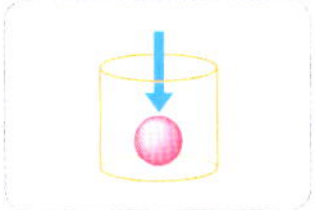

　通常talkは前置詞をともなう自動詞として使われますが、ここでは目的語をとる他動詞になっています。intoの「～という状態になる」というイメージからtalk ～ into …は「話して、対象を別の状態／違う考えに導く」→「説得する」です。I talked her into changing her mind.は「彼女に心を変えるように説得した」という意味です。

理解を深めよう！ ワンランクアップ

talk + 前置詞
のほかの表現をみてみよう

🍃 talk over ～
～を飲みながら話す

overには、対象と接することなく「弧を描いて越えていく」というイメージもあります。Let's talk over (a cup of) coffee.は2人以上の人がコーヒーの置かれたテーブルを間に、その上方で話をするイメージです。つまり「コーヒーを飲みながら話をしましょう」という意味になります。

talk over a drinkであれば、drinkは主にお酒のことを指すので「一杯飲みながら話す」ということ。Why don't we talk over a drink?「一杯飲みながら話をしませんか」はビジネスシーンでも使える表現です。

🍃 talk over one's head
～が理解できないことを話す

over my headであれば、上の例文のover coffee、over a drinkと同じく「私の頭の上を越えて」というイメージになりますが、この場合のheadは「頭」というよりも「知力／頭脳」の意味合いです。Don't talk over my head.であれば、「私の頭脳を越えて話をしないで」➡「私が理解できないことを話さないで」という意味になります。

レッスン2　talk at ~、talk ~ into …

talk to / with ~
~と話をする

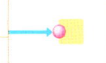

「対象に向かい合う」イメージのtoを使ったtalk to ~は「~に話しかける／話す」になり、双方向の会話を示唆しています。

またtalkと使われることの多い前置詞with「~と一緒に／共に」を使ったtalk with ~は「~と（共に）話をする」という意味で、双方向のイメージがより明らかになります。実はネイティブは、talk with ~とtalk to ~をあまり意識して使い分けていません。

Quiz

次の文を短くするには？

We talked with him and told him to come with us.

⬇

We talked him _____ _____ with us.

「私たちと一緒に来るように彼を説得した」という意味なので、talk ~ into …を使います。前置詞intoのあとにくるのは名詞ですが、この場合は動詞comeなので動名詞comingの形にします。

〔答え〕into, coming

レッスン 3 | be made from ～、be made of ～

チョコレートはカカオ豆から。

前置詞のイメージを理解することで、「～から作られる」という意味のbe made from ～とbe made of ～の違いがよりクリアになります。

Chocolate is made from cocoa beans.
(チョコレートはカカオ豆から できています…)

そして…

Aoi's body is made of chocolate.
(葵の身体は チョコでできています)

なっ何よ嫌味のつもり？ 好きなんだから放っておいてよ！

チョコ人間と呼んでやろう

違いをみてみよう！ コアイメージをチェック！

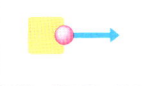

be made from 〜
〜から作られる

from「〜から」は「起点」のイメージなので、Wine is made from grapes.は、ブドウがワインの「出どころ」であるということです。また、fromには「起点から離れて出ていく」イメージがあるので、from grapesからすでにブドウの形をとどめていないことがわかります。このように「原料」はbe made from 〜で表します。

be made of 〜
〜から作られる

ofは「属性／関連性」を表します。This desk is made of steel.「この机はスチール製である」では、机がスチールでできていることが一目でわかり、ofによって机とスチールに「関連性」があることを表しています。from grapesが、ワインを見て何からできているのかわからない「原料」を表すのに対し、ofは「材料」を表します。

理解を深めよう！ ワンランクアップ

be made ＋前置詞
のほかの表現をみてみよう

🍃 be made into ～
～になる

　intoは「中のほうへ入っていく」という動きを表す前置詞です。ここからintoは抽象的な物事も対象にし、「～の中に入っていく」➡「～という状態になる」というイメージも表します。be made into ～は「～という状態に作られる」と考えられます。Grapes are made into wine.は「ブドウはワインの状態へと作られる」➡「ブドウはワインになる」ということです。この文では、Wine is made from grapes.と主語が逆になっていることに注意しましょう。

🍃 be made for ～
～向けである

　forは「～に向かって」という「方向」を表すだけでなく、「ある目的に対して向かっていく」ことから、「～のために／～にとって」という「利益や恩恵」のイメージにもなります。This correspondence course is made for business people.であれば「この通信講座はビジネスパーソンのために作られている」➡「ビジネスパーソン向けである」ということです。

レッスン3 be made from ～、be made of ～

「ワインとブドウ」の例文のまとめ

Wine is made from grapes.　ワインはブドウから作られる。

They make grapes into wine.
彼らはブドウをワインにする。
※このtheyは特定の誰かを指しているわけではありません。

Grapes are made into wine.　ブドウはワインになる。

Quiz 次の__に入るのはof、fromそれともinto？

① This dress is made _____ linen.
② These wood chips are made _____ a beautiful jewelry box.
③ This glass is made _____ sand.

① 「このドレスは麻でできている」（材料）
② 「この木片は美しい宝石箱になる」（変化）
③ 「このガラスは砂からできている」（原料）

〔答え〕① of　② into　③ from

レッスン 4 make at 〜、make good as 〜
怪物が彼に襲いかかった！

英語を学ぶ人にとって、よく目にふれるmake。「作る」という簡単な意味だけでなく、さまざまな意味をもつmakeの奥深さを理解しましょう。

Just then, a monster was trying to make at him!
（その時、怪物が彼に襲いかかった！）

彼は発明品で抗戦！見事怪物を倒した！

After that, he made good as an inventor.
（その後、彼は発明家として成功したのだった）

なっ 何描いてるの…？

『発明忍者サスケ』！僕の自作絵本！

そんな何でも忍者にしなくても…

違いをみてみよう！ コアイメージをチェック！

make at 〜
〜に襲いかかる

「地点」を表すatを使ったmake at 〜では、対象を1地点ととらえています。makeには「作る」のほかにさまざまな意味があり、ここは「進む／急行する」です。make at 〜は「〜目がけて進む／急行する」➡「〜に襲いかかる」ということ。一気に行動がなされるイメージです。rush at 〜も同じく「〜に襲いかかる／突進する」という意味です。

make good as 〜
〜として成功する

asにはさまざまな用法、意味がありますが、前置詞のasの用法は、①「〜として」、②「〜のときに／〜の頃に」、③「〜のように」の3つだけです。make good as 〜のasは「〜として」の意味です。make goodは「成功する」の意味なので、He made good as an inventor.は「彼は発明家として成功した」です。

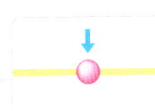

理解を深めよう！ ワンランクアップ

make ＋ 前置詞 のほかの表現をみてみよう

🟢 make after ～
～を追いかける

afterは「～の後ろ」がコアイメージで「時間や順序の後ろ」を表します。make after ～は、make at ～「～に襲いかかる」のmakeと同じ「進む／急行する」とafter「～の後ろ」を合わせたフレーズで、意味は「～を追いかける」となります。The police officers made after the robber.であれば「警察官が泥棒を追いかけていった」の意味になります。

🟢 make for ～
～の方向へ進む／～に役立つ

make「進む／急行する」と、「～に向かって／～の方へ」という方向を表すforを組み合わせたmake for ～は「～の方向へ進む」という意味です。We made for the beach.は「私たちはビーチへと進んだ」になります。

また、forには「～のために／～を求めて」という「利益／恩恵」のイメージもあるので、His attitudes made for good relations among the team members.は「彼の態度はチームメンバーのよい関係のために進んだ」➡「役に立った／貢献した」という意味になります。

レッスン4　make at 〜、make good as 〜

「〜に襲いかかる」
という意味の表現まとめ

make at 〜　　〜に襲いかかる

go at 〜　　〜に襲いかかる／取りかかる（➡P110）

「〜に役立つ」
という意味の表現まとめ

make for 〜　　〜に役立つ

work for 〜　　〜に勤めている／〜に役立つ（➡P180）

Quiz

次の英文の意味は？

Everyone there made a face at his behavior.

make a face at 〜は「〜に対して顔を作る」ということ。face には1単語だけで「しかめっ面」の意味があるので、この表現は「〜に対して顔をしかめる」の意味になります。

〔答え〕「そこにいた誰もが彼のふるまいに顔をしかめた」

レッスン5 turn on〜、turn off〜

電気消すよ。

turn on 〜とturn off 〜は、まさにonとoffがもつ違いが明確に表れているフレーズです。ほかにも、turnと前置詞のフレーズを比べてみましょう。

こ…怖かった…マイク今日は一緒に寝よう

いいよ 翔太は怖がりだなあ

I'm going to turn off the lights.
（じゃ電気消すよ）

No, turn them on!
（ダメ、消さないで！）

今夜はつけたままにしよう

やっぱマイクも怖いんじゃないか

違いをみてみよう！ コアイメージをチェック！

turn on ～
～をつける／（電源など）を入れる

turnは「回す／曲がる／回転する／向きを変える」などの意味をもつ動詞です。onのコアイメージは「接触」です。turn on the lightsは「スイッチを入れる（回す）ことによって、電気系統がお互いに接触し合い、電気がつく」というイメージです。この場合のonは前置詞ではなく副詞になりますが、もっている意味は前置詞と同じです。

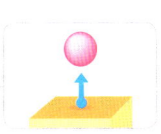

turn off ～
～を消す／（電源など）を切る

offのコアイメージは、対象と接触している状態から「離れる／分離する」で、「接触」のonと逆の意味を表します。電気がつき、電気系統と接触している状態を「分離させて」終わらせるのがturn off the lights「電気を消す」です。このturn off ～のoffもturn on ～のonと同じく副詞ですが、前置詞と同じ意味を表します。

理解を深めよう！ ワンランクアップ

turn ＋前置詞 のほかの表現をみてみよう

🔖 turn to ～
～に助けを求める／頼る

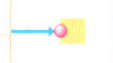

　この場合のturnは「（体を）回す／回転させる」の意味です。toは「対象／目的に向かい合ったものや人が最終的に到達地点へたどりつく」イメージなので、turn to himであれば「彼のほうへと体を向けて向かい合う」の意味になります。「身体全体を相手のほうへ向ける」ということは「相手を頼る」という意味につながります。turn to him for adviceであれば「助言を求めて彼を頼る／彼に助言を求める」という意味です。

🔖 turn against ～
～を裏切る

　against「～に反対して／逆らって」は「反対／対立」がコアイメージです。turn against himであれば「彼と反対に向きを変える／彼に背を向ける」の意味になります。これは実際に背を向けることも表しますが、比喩的に「彼を裏切る」という意味として使われます。

　またturn ～ against …であれば「～に…を裏切らせる／背かせる」ということです。His embarrassing behavior turned his fans against him.「彼の困った行いは、彼のファンたちに彼に対して背を向けさせた」は「彼の困った行いでファンは彼に背を向けた」という意味です。

レッスン5　turn on ~、turn off ~

turn on ~、turn to ~
を使うネイティブ表現

turn on the light　電灯をつける

turn to the public for support　国民に支持を求める

turn to the mayor for funding　市長に財政支援を求める

Quiz

次に入る前置詞は？

He turned a deaf ear _____ my advice.

turn to ~は「~を頼る／あてにする」の意味ですが、turn a deaf ear to ~にすると「聞こえない耳を相手に対して向ける」→「聞く耳をもたない」となります。

「彼は私の忠告に対して聞く耳をもたなかった」

〔答え〕to

レッスン 6 work on 〜、work into 〜

ピクニックの予定表作りに取り組もう。

workは主な意味である「働く」を基にして、いろいろな意味を表すことができる動詞です。それに力を貸しているのが前置詞です。

Let's work on the schedule for the picnic!
（ピクニックの予定表作りに取り組もう！）

Make sure you work shopping into the schedule!
（買い物も組み込んで！）
ふもとに名物のお菓子がたくさん売ってるの！

山菜取りもしたいよ！
僕やったことないんだ！

当日は各自自由行動にしよう…

違いをみてみよう！ コアイメージをチェック！

work on 〜
〜に取り組む

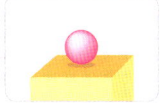

onは「〜の上にピタリと乗っている」コアイメージなので、I'm working on a new project.からは「新しい企画の上にピタリと乗って働いている」というイメージが浮かびます。work on 〜は「ピタリと乗って働く」➡「取り組む」ということです。work on 〜を使うと「ある時期集中して〜の仕事をしている」ということになります。

work 〜 into …
〜を…に組み込む／取り入れる

intoは「中への移動」を表します。workとintoの組み合わせwork 〜 into …は「〜を働かせて…へ移動させる」というイメージです。Make sure you work shopping into the schedule.は「必ずあなたは買い物に働きかけてスケジュールの中へと移してください」➡「買い物をスケジュールに組み込んで」の意味になります。

理解を深めよう！ ワンランクアップ

work ＋前置詞
のほかの表現をみてみよう

🟩 work for ～
～に勤めている／～に役立つ

　通常、work for ～は「～に勤めている」という意味で使われます。
　I work for ABC Corporation.は「私はABC社に勤めている／ABC社で働いている」ということ。このforは「ある目的に向かっていく」イメージで、「～のために」という利害関係を含んだ意味を表します。
　work for ～は「～のために働く」➡「～の役に立つ」という意味にもなります。Does it work for you?「それはあなたのために働きますか？」は「あなたの役に立ちますか？」の意味です。

🟩 work against ～
～の不利に働く／支障となる

　against「～に反対して／逆らって」は「反対／対立」がコアイメージで、いろいろな動詞と組み合わせるとネガティブな意味を表します。work against ～も同じく「～に敵対して／対立して働く／機能する」になるので、This will work against our clients.であれば「これは我々の顧客に敵対して働く」➡「不利（益）になる」ということです。We worked against time.「時間と対立して働いた」は「時間と競争して働いた／時間を気にしながら働いた」の意味になります。

レッスン6 work on 〜、work into 〜

work
を使うネイティブ表現

I'm working on it. やってますよ。
※「あれ、どうなっている？」と聞かれたときなどに応じる表現。

I worked a slide into the Powerpoint presentation.
パワーポイントのプレゼンに新しいスライドを組み込みました。

It works for me.
それは私のために働きます。➡私はそれで大丈夫　それでかまわない。

Quiz 仕事を紹介するうえで一番使われるのはどれ？

① I work for ABC Corporation.
② I work at ABC Corporation.
③ I'm a designer.

　ネイティブにとっては会社名より個人が何をしているかが大切になります。①は「〜のために働いている」という「雇用」のイメージが強く、②は「〜という会社で」のように「会社」を強調するイメージが強くなります。I work for/at ABC Corporation as a designer.のように言ってもOKです。

〔答え〕③

レッスン 7 run for 〜、run against 〜
委員長に立候補するわ！

run には「走る」以外にも「競争に出る」などの意味があります。前置詞をともなった場合、意味がどう変わるのかをみてみましょう。

I'm going to run for the president of the festival planning committee!
（文化祭実行委員長に立候補するわ！）
絶対当選してみせる！

ふん
実行委員長は
僕がなる！

何奴!?

実行委員長は毎年文化祭で
大学伝統の踊りを
踊るんだぞ!?
お前にできるのか？

Everything's running against me.
（くっ、何て不利な戦いなの…）

一般学生たち↓

この大学
やめようかな…

違いをみてみよう！ コアイメージをチェック！

run for 〜
〜に立候補する

forには「目的に向かって／目指して」というイメージがあります。runには「走る」以外にも「競争に出る」の意味があるので、I'm running for mayor. は「市長に向かって競争に出ている」➡「市長を目指して立候補している」になります。なお、mayor「市長」のような場合、aやtheなどの冠詞は必要ありません。

run against 〜
〜に対抗する／不利になる

againstの「敵対／対立」のイメージから、run against 〜は「〜に対抗する」となります。run against the incumbentは「現職に対立して／対抗して競争に出る」➡「現職に対抗して立候補する」の意味です。またrunには「物事が進む」の意味があるのでrun against 〜は「〜に対抗して物事が進む」➡「不利になる」の意味も表します。

理解を深めよう！ ワンランクアップ

run＋前置詞
のほかの表現をみてみよう

🍃 run into ～
（人、車などが）～に衝突する／（人）にばったり出会う／～に陥る

intoは「～の中へ向かって」という「動きや移動」を表します。The car ran into a big tree.は車が走っていき、そのまま大きな木の中へ入り込むイメージです。「車が走って大木に突っ込んでいった」 ➡「車が大木に衝突した」になります。I ran into Jane.であれば「ジェーンに走り込んでいく」 ➡「ばったり出会う」という意味です。

またrunには「ある状態になる／陥る」の意味もあるため、run into a deadlockは「行き詰まりに走り込む」 ➡「行き詰まりに陥る」となります。

🍃 run after ～
～を追跡する

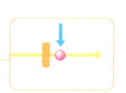

afterは、After you.「あなたのあとに（私は続きます）／お先にどうぞ」のように物事の順序においての「後ろ」を表します。run after ～は順序の意味で「～のあとを走る」 ➡「～を追跡する」という意味になります。The police ran after the robber.は「警官は泥棒を追った」という意味です。

レッスン7　run for 〜、run against 〜

🔍 「〜を追いかける」
という意味の表現まとめ

run after 〜　〜を追跡する

make after 〜　〜を追いかける（➡P172）

🔍 「〜に不利になる」
という意味の表現まとめ

run against 〜　〜に対抗する／不利になる

work against 〜　〜の不利に働く／支障となる（➡P180）

Part 4 動作（応用）

Quiz 次の英文の意味は？

I've run into a brick wall.

直訳すると「レンガの壁に衝突する／突き当たる」の意味です。大きく固いレンガの壁は「難題」のイメージになるので、「難題に直面する」という意味を表します。なお、go around a brick wall であれば「難題の周りをぐるりと回る」➡「難題を回避する」ということになります。

〔答え〕「私は難題に直面した」

レッスン8 stand at 〜、stand for 〜
「アイス買ってきて」という意味だ。

「立つ」という意味のstandに、forを続けるとなぜ「訳す」になるのか、atではなぜ「達する」になるのか、前置詞の働きから確認しましょう。

The temperature stands at 39 degrees today.
（今日は気温が39度に達している模様です）

ん？
ゴロゴロー

こんなに暑いと動きたくないなあ

ひえ〜
テレビ
スッ

な…何だこれは…？
古代語…？

あおい語で
It stands for "Go buy me some ice cream."
（「アイス買ってきて」という意味だ）

スコーン

自分で買ってこい！

これはな…

ケチ〜

違いをみてみよう！ コアイメージをチェック！

stand at 〜

〜を示す／達する

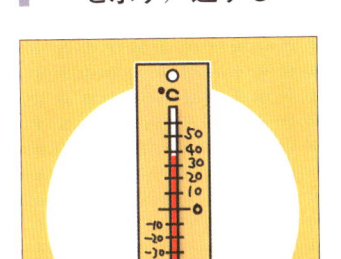

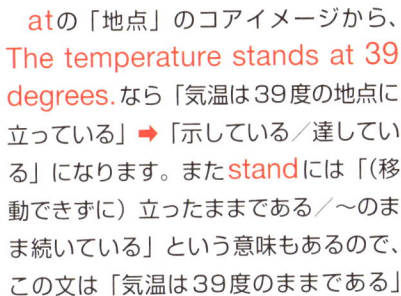

atの「地点」のコアイメージから、The temperature stands at 39 degrees.なら「気温は39度の地点に立っている」→「示している／達している」になります。またstandには「（移動できずに）立ったままである／〜のまま続いている」という意味もあるので、この文は「気温は39度のままである」とも考えることができます。

stand for 〜

〜を表す／訳す

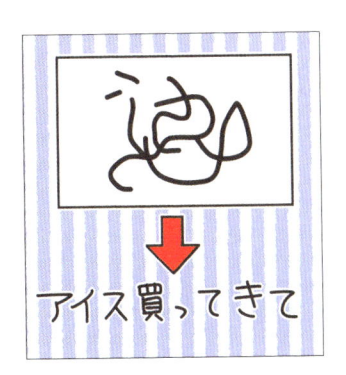

forには「〜に代わって」という「交換」のイメージがあり、standには「（〜の状態で）立っている／〜を示している」という意味があります。… stand for 〜は「…が〜に代わって（言葉として）立っている」→「…は〜を表している／…は〜の略語である」となります。特に記号や略語などが正式に何を表すのかを表す場合に使われるフレーズです。

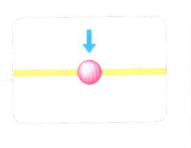

理解を深めよう！ ワンランクアップ

stand＋前置詞
のほかの表現をみてみよう

🖉 stand behind ～
〜の後ろに立つ／支持する

　behindは場所や位置関係での「後ろ」を表します。stand behind the counterはそのまま「カウンターの後ろに立つ」ことですが、比喩的に「売り場で働く／レジ係をする」の意味にもなります。

　また後ろに立つことは「その人（物）を支える」という意味でもあるため「〜を支持する／後押しする」という意味も表します。I'm standing behind your plan.は「あなたの計画を支持します」ということです。

🖉 stand between ～
〜の間に立ちはだかる／邪魔をする

　between「〜の間に」は「2つ（2人）の間に／中間に」がコアイメージです。そのためbetween ～ and …「〜と…の間に」のようによく使われます。stand between ～ and …は「〜と…の間に立つ」ということ。I don't want to stand between you and your dream.「私はあなたとあなたの夢の間に立ちたくない」は「あなたの夢を邪魔したくない」ということです。

　またbetweenは「2者の間」がコアイメージなので「秘密」のイメージもあります。This is between you and me.であれば「これはあなたと私の間のことだ」➡「これは2人の秘密ね」という意味になります。

レッスン8　stand at 〜、stand for 〜

stand for 〜、stand at 〜
を使うネイティブ表現

UN stands for the United Nations.
UNはthe United Nations「国際連合」の略語である。

This symbol stands for smile.
この印はスマイルを表している。

Interest rates stand at three percent.
利率は3パーセントの地点に立っている。➡ 3パーセントを示している。

Quiz 次の2文に共通する意味は？

① He always stands behind me no matter what happens.
② He always stands by me no matter what happens.

①は「私の後ろに立つ」、②は「私のそばに立つ」ですが、両方とも「私を支えてくれる／味方でいてくれる」という意味になります。

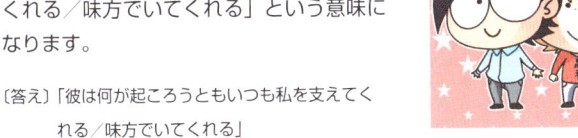

〔答え〕「彼は何が起ころうともいつも私を支えてくれる／味方でいてくれる」

レッスン 9 fight with ～、fight against ～

動物たちと戦ったんだ。

fight「戦う」はときには重い言葉になります。「～と戦う」は fight with ～？ それとも fight against ～？ 間違えると厄介なことになりそうです。

そうだ…

Ancient people fought against wild animals with stones.
（昔の人は石で野生の動物たちと戦ったんだ）

だから僕だって

こんなちっぽけな敵に勝てないはずがないんだ!!

違いをみてみよう！ コアイメージをチェック！

fight with ～

～と（共に）戦う／～と（敵対して）戦う

withは「～と一緒に／共に」という「同調／同伴」のイメージなので、fight with ～は「～と共に戦う／～に味方して戦う」の意味です。ただwithは「敵対」も表すので、I fought with David last night.「昨夜はデイビッドとけんかした」からは、私とデイビッドが敵対関係であるのがわかります。話の前後関係から類推するのがよいでしょう。

fight against ～

～に対して戦う

againstは「反対／対立」がコアイメージなのでfight against ～は「～と戦う」となります。fight against poverty「貧困と戦う」、fight against racial prejudice「人種偏見と戦う」のように根絶したいものと戦うのが主たるイメージです。We're now fighting against crime.「犯罪と戦っている」のように使います。

理解を深めよう！ ワンランクアップ

🔍 fight＋前置詞
のほかの表現をみてみよう

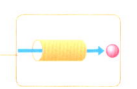

🟢 fight through ～
～と戦う

　throughは「立体的なある空間の中を通り過ぎる」イメージです。fight through ～は戦いを立体的な空間ととらえて「最終地点までずっと戦っていく」という意味合いです。I have to fight through this stack of papers.「この書類の山と戦わなければならない」であれば、書類の山の１枚目から最後の１枚まで取り組んでいくイメージです。

🟢 fight among themselves
仲間割れする

　amongのコアイメージは「～の間に」で、意味は「（３つ以上）の物に囲まれて／～の中に」になります。fight among ～は「～の間で戦う」ということ。They fought among themselves.は「彼らは自分たち自身の間で戦った」という意味で、誰かと直接敵対したわけではなく「自分たちの中で戦った」➡「仲間割れした」ということになります。

●betweenとamongの違い

(between)　　　　　　　(among)

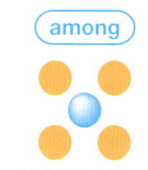

「（２つのもの）の間に」　「（３つ以上のもの）の間に」

レッスン9　fight with ～、fight against ～

fight against ～、fight with ～ を使うネイティブ表現

He fought against lung cancer with his family to the end.

彼は最後まで家族と共に肺がんと戦った。

※ against「～に対して」と、with「～と共に　一緒に」の違いがより明白になっています。

Quiz

次の_____に入る前置詞は？

We have to fight ① global warming ② other countries ③ environment preservation ④ the global level.　＊environment preservation: 環境保全

「私たちは地球レベルでほかの国と共に環境保全のために地球温暖化と戦わなければならない」。

①「地球温暖化」はなくしたいものなのでagainst、②「～と共に」はwith、③「～のために」を表すのはfor、④「地球レベルという地点」と考えatを入れます。

〔答え〕① against　② with　③ for　④ at

レッスン 10 open into 〜、be open to 〜

どこに通じてるんだろ？

openはintoをともなうことで広がりをもち、withをともなうことで始まる状況を説明できます。

What does this tunnel open into?
（あれ？このトンネルどこに通じてるんだろ？）

禁断の建物とか見つけちゃったらどうしよう

…

おっ…出口だ！

It's open to the public.
（一般公開中）

手作りお面販売中

違いをみてみよう！ コアイメージをチェック！

open into ～
～へと通じる

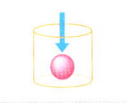

intoは「in + to」なので、「中へ＋向かう」➡「中に向かって入っていく」という「移動」を表します。openには「開く」➡「通じる」の意味があるので、This corridor opens into the living room.であれば、「この廊下は居間の中へと通じている」になります。これは家の間取りや場所の説明をするときに便利な表現です。

be open to ～
～に向けて公開している

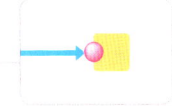

be動詞と共に使われているこのopenは形容詞で「開いた／公開中の」の意味です。toは「～へ向かって」なので、be open to the publicは「一般へ向けて公開している」の意味です。また、open the door to ～は実際に「～に向かってドアを開ける」の意味で使いますが、比喩的に「～に向かって門戸を開ける」として使います。

195

理解を深めよう！ ワンランクアップ

open ＋前置詞
のほかの表現をみてみよう

🟢 open at ～
～に（で）開く

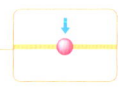

atは時間と場所の「地点」がコアイメージです。open at ～でatが時間を表す場合、The museum opens at 9:00.「美術館は9時に開く」のように使われます。atが場所を表す場合、The textbook was opened at page 82.「教科書は82ページで開かれていた」では82ページという本の中のある1ページが「地点」としてとらえられています。

またプレゼントの箱を開けようとして、どこから開ければいいかわからない友人に対して、This box opens at both ends.「この箱は両側から開くよ」と言えば、atはat both ends「両側」という地点を表しています。

🟢 open with ～
～で始まる

with「～と一緒に／共に」の「同調／同伴」のコアイメージは、「手元にある／利用できる」➡「～で／～を使って」という「方法／手段」につながります。The conference opened with the keynote speech of the famous scientist.は「会議は有名な科学者の基調演説で開いた」➡「基調演説で始まった」ということになります。

レッスン10　open into 〜、
　　　　　　be open to 〜

open を使うネイティブ表現

This new agreement will open the door to increased national trade.
この新しい合意は国の貿易増加に門戸を開くだろう。

He's open with his friends.
彼は友人には隠し立てしない／率直である。
※ be open with 〜は、「〜に包み隠さない／隠し立てしない／率直な」。

Quiz 次の英文の意味は？

His advice opened the door to further discussion.

open the door to 〜は「〜に門戸を開く」という意味から、「〜に機会を与える／〜することを可能にする」という意味も表します。

〔答え〕「彼のアドバイスが、さらなる議論を可能にした」

レッスン 11 hold by 〜、hold to 〜

決めたことを守りなさい。

ボール競技の反則 **holding**（ホールディング：ボールに長く触ったり、相手の体を押さえること）は **hold** の意味「固守する／抑える」から来ています。

You have to hold by your decision!
（君たち決めたことを守りなさい！）

すんませーん！

It's hard to hold the students to their homework deadlines.
（学生たちに課題の期日を守らせるのは大変だ）

はぁ〜

何かいいアイデアは…

政治レポート

提出した順に追加点を与える

どさっ

やっぱやればできるんじゃん！

違いをみてみよう！ コアイメージをチェック！

hold by ～
～に従う／守る

　byの「～で／～によって」という「手段」のイメージは、たとえばby rules「ルールによって」➡「ルールに従って」という「根拠／準拠」にもつながります。hold by ～は「～を根拠としてそこから離れない／固守する」➡「～に従う」となります。hold by your decision「自分で決めたことを守る」のように使えます。

hold to ～
～を堅持する／守る

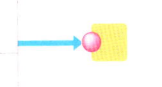

　toは対象に向かい合ってたどりつくイメージなので、hold to an agreementは「合意という対象に向かって（対して）離れようとしない／向かい合った状態を固守する」➡「合意を堅持する／守る」になります。またhold him to his promise「彼に約束を守らせる」のように、holdの後ろに目的語を入れることもできます。

理解を深めよう！ ワンランクアップ

hold ＋前置詞 のほかの表現をみてみよう

🔖 hold ～ in check
～を抑制する

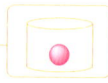

　名詞のcheckは「点検／調査」のほかに「（動作などの）停止／抑制」の意味があるので、in checkは「停止／抑制という空間の中に」となります。hold ～ in checkは「～を停止／抑制（という空間）の中に入れて抑える」ということ。hold national spending in checkは「国家の支出を抑制の中に入れて抑える」➡「国家の支出を抑制する」の意味になります。

　She has trouble holding her anger in check.は、have trouble -ingが「～するのが困難である」の意味なので、「彼女は怒りを抑えるのが困難である」➡「彼女は怒りを抑えることがむずかしい」の意味を表します。

🔖 hold with ～
～に賛成する／認める

　with「～と一緒に／共に」には「同調／同伴」という、こちらから対象へ歩み寄っていくイメージがあります。hold with ～は「～（の方向へ歩み寄った形で）と共に固守する」➡「～に賛成する／認める」という意味になります。

　なお、hold with ～は通常、否定文や疑問文で使われることの多いフレーズなので、I can't hold with what you're saying.「あなたの意見には賛成できません」のように使います。

レッスン11 hold by 〜、hold to 〜

byのイメージ のまとめ

場所：〜のそば／近くに　live by the river「川のそばに住む」

期限：〜までに　finish lunch by 1:00「昼食を1時までに終える」

方法／手段：〜で／〜によって　go by car「車で行く」

根拠／準拠：〜によって／従って
　　by rules「ルールによって」➡「ルールに従って」

Quiz 次のうち間違いはどれ？

① **The company tried to hold the staff to the company rules.**
「会社は社員を社則に従わせようとした」

② **The company tried to hold with his suggestions.**
「会社は彼の提案を堅持しようとした」

hold with 〜は「〜に賛成する／認める」の意味なので、「堅持しようとした」となっている②が誤りです。また、hold with 〜は通常、否定文や疑問文で使われることが多いフレーズです。

〔答え〕②

レッスン 12 leave ～ to …、leave it at ～

これ君に任せるよ。

動詞 leave は「去る／出発する／あとに残す」など多くの意味をもつ単語です。前置詞を組み合わせることによって生じる意味の違いを覚えましょう。

I'll leave this to you.
（これ君に任せるよ）

わかりました

彼が上司になってから残業が多くなったなあ…早く帰りたい…

お前か、職場に電話してくるなとあれほど…いやあの…その…はい…今日こそは早く帰りますすみません…

みんな！
Let's leave it at that!
（今日は仕事をおしまいにしよう！）

奥さんに怒られたんだな…

違いをみてみよう！ コアイメージをチェック！

leave 〜 to …

〜を…に任せる

leaveには「委ねる／任せる」という意味があるので、leave 〜は「〜を委ねる」、to …は「…という到達点に向かって」→「…に」ということを表します。I'll leave this to you.は「これをあなたに任せる」という意味です。Leave it to me.「それは私に任せて」などのように使える、フレンドリーな表現です。

leave it at 〜

（それを）〜のあたりで切り上げる

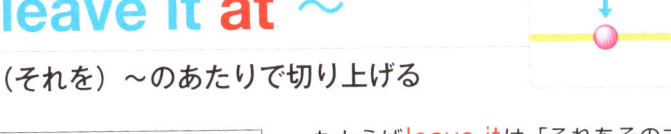

たとえばleave itは「それをそのままにする」、at thatは「その地点で／そこで」ということ。つまり「その地点でそれをそのままにする」→「そのあたりで切り上げる」となります。Let's leave it at that for today.は「今日はそこまでにしましょう」あるいは「そういうことにしましょう」という意味で、日常会話でよく使われる表現です。

理解を深めよう！ ワンランクアップ

leave ＋前置詞
のほかの表現をみてみよう

🟩 leave ～ with …
〜を…に預ける／託す

「誰かに伝言を託す」場合、前ページの leave ～ to … 「〜を…に任せる」を使いたくなりますが、to には「〜へ向かって」という方向の意味合いしか出せません。それに対して「〜と一緒に／共に」という「同調／同伴」のイメージの with を使うと、信頼に基づくポジティブなニュアンスが感じ取れます。それが leave ～ with … の「〜を…に預ける／託す」につながります。leave a message with Jane は「ジェーンに伝言を預ける／託す」の意味です。

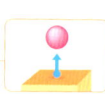

🟩 leave ～ off …
〜を…から除外する／省く

off「離れて」は「ある対象と接触していた状態から離れる」という「分離」がコアイメージです。徐々にではなく一気に離すイメージ。leave his name off the list では、off the list から以前に彼の名前がリスト上にあったことがわかります。leave には「〜の状態にしておく／〜にする」という意味があるので、この文の意味は「彼の名前をリストから一気に離した状態にする」➡「彼の名前をリストから除外する」です。Let's leave this topic off the table. であれば、the table は「話し合いの場」のこと。「この話題を話し合いの場から離しましょう」➡「この話題は省きましょう」ということです。

レッスン12　leave 〜 to …、
leave it at 〜

leave を使うネイティブ表現

Let's leave this topic off the table.
この話題を話し合いの場から離しましょう。➡この話題は省きましょう。

Leave your room keys with the front desk.
鍵はフロントに預けてください。

I left the kids with my husband.
主人に子どもを預けました。

Quiz 長い討論の末、議長が言いました。意味はどちら？

Let's leave it at that for today.

① 「今日は終わりにしましょう」

② 「（結論も出ないようなので）これはそのままにしておきましょう」

leave it at thatは「その地点でそれをそのままにする」の意味です。これは「そのあたりで切り上げる／もうこれ以上は言わないことにする」の意味なので、正解は②です。

〔答え〕②

レッスン 13
put ~ before …、put ~ behind …
そのことは忘れよう。

動詞がさまざまな前置詞をともなう「句動詞」をみてきましたが、最後に「put＋（代）名詞＋前置詞＋（代）名詞」の形について、くわしくみていきましょう。

ありがとう翔太、葵 君たちのおかげでたくさんのことを学べたよ

日本に勉強に来てよかった！

But you put playing around before studying…
（でも君、学業より遊びを優先してたから…）
あんまり日本語は上達しなかったけどね！

毎日忍者パークざんまい

…

Let's put it behind us.
（そのことは忘れよう）

違いをみてみよう! コアイメージをチェック!

put ～ before …

…よりも～を優先させる

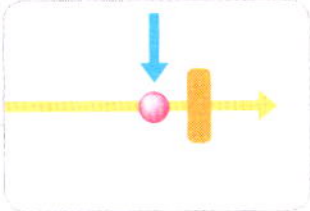

　before「～の前に」はafter「～のあとに」と対になる前置詞で、時間や物事の順序における「前」を表します。put ～ before …は「～を…の前に置く」ということ。He always puts pleasure before work.は「彼はいつも仕事の前に楽しみを置く」➡「彼は仕事よりも楽しみを優先させる」の意味になります。

put ～ behind …

…から～を忘れ去る

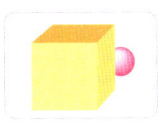

　put ～ behind …のbehind「～の後ろに」は「物の後／背後」を表します(➡P98)。put ～ behind …は「～を…の後ろに置く」ということ。Let's put it behind us.であれば「それを私たちの後ろに置きましょう」ということです。「後ろに置く」のは「見えないようにしてしまうこと」➡「そのことは忘れましょう」という意味です。

理解を深めよう！ ワンランクアップ

put ＋前置詞 のほかの表現をみてみよう

🍃 put ～ through …
～に…をやり遂げさせる／切り抜けさせる／経験させる

　My uncle put me through college. なら「伯父は大学という空間の中に私を置いて、入口から出口まで通り過ぎさせた」ということ。つまり「伯父が私に大学（の勉強）をやり遂げさせた」➡「大学を卒業するためのお金を支払ってくれた／助けて卒業させた」の意味になります。

　また、My parents put me through difficult times.「私の両親は困難な時期の中に私を置いて、その入口から出口まで通り過ぎさせた」は「困難な時期を切り抜けさせた」➡「経験させた」ということです。My boss has put me through all kinds of trouble for several years.「私の上司は私に何年もつらい思いをさせている」のように使うことができます。

●before と after で表される日にち

(before)　　　　　　(after)
the day before yesterday　the day after tomorrow
「おとといい」　　　　　「あさって」

yesterday　today　tomorrow

レッスン13　put ~ before …、put ~ behind …

put ~ before …、put ~ behind … を使うネイティブ表現

My mother puts her family before everything else.
母はほかの何よりも家族を優先させている／大切にしている。

You have to put the past behind you in order to move forward.
前へ進むためには過去を忘れ去らなければならない。

Quiz

次の英文の意味は？

We put that issue on the back burner.

　back burnerとは調理用レンジの後列にあるコンロのこと。「手前のコンロではなく、後列のコンロの上に置く」ということは「最優先ではない」➡「後回しにする」という意味になります。leave ~ on the back burnerであれば「後回しにして（そのまま置いて）おく」ということです。

〔答え〕「私たちはその問題を後回しにした」

ネイティブがよく使う!
前置詞を使ったビジネスフレーズ

日常的なちょっとしたことを言うほうが、むずかしい場合があります。ビジネスの現場で使える、ちょっとした定番表現を覚えておけばよりスムーズに話を進めることができるでしょう。

In plain English, please.
よくわかりません(簡単な英語でお願いします)。

専門用語ばかりでちっともわからない、そんなときのとっさのひと言。

Fine with me.
私はそれで結構です。

賛意を示すひと言。
That would be fine with me. を短くした形です。

When would be convenient for you?
いつがよろしいでしょうか?

相手の都合を聞くときの定番表現。Anytime on Wednesday would be fine for me. 「水曜日なら何時でも OK です」など、答え方はさまざまです。

I've heard all about you.
お噂はかねがねうかがっています。

現在完了形であることがポイント。過去形にすると「悪い評判を聞いています」という意味になってしまうので注意が必要です。ビジネスの場面でも使えるひと言です。

I'm fully aware of that.
重々承知しています。

be aware of ~で「~に気がついている、知っている」。上司や顧客に念を押されたときに、きちんとわかっていることを伝えるひと言です。

I'm here for a meeting with Mr. Brown.
ブラウンさんとの打ち合わせでうかがいました。

相手の会社の受付などで用向きを伝えるための定番表現。I have an appointment with David Brown.「デイビッド・ブラウンさんとお約束があります」でも OK です。

Mr. Green will be with you soon.
グリーンはすぐにまいります。

お待ちいただいているお客様などに伝える定番表現です。

Ms. Tanaka is away from her desk.
田中は席をはずしております。

be away from one's desk は「席をはずしている」の定番表現です。不在者の電話を受けたときに使える便利な表現。

I'm afraid she's on another line.
彼女はただ今ほかの電話に出ております。

「ただ今打ち合わせ中」であれば be in a meeting right now と言います。ついでに覚えておきましょう。

前置詞から引ける索引

about

about this big
「だいたいこれくらい大きい」……… 55

agree **about** ~
「~について意見が一致する」……154

ask **about** ~
「~について尋ねる」………………146

across

across the board
「全面的に／例外なく」……………… 92

come **across** ~
「~を偶然見つける／たまたま出くわす」…107

go **across** the road
「道を横切っていく」………………… 91

after

ask **after** ~
「人の様子／安否を尋ねる」………145

make **after** ~
「~を追いかける」…………………172

run **after** ~
「~を追跡する」……………………184

against

fight **against** ~
「~に対して戦う」…………………191

go **against** ~
「~に反する／反対する」…………109

run **against** ~
「~に対抗する／不利になる」……183

speak **against** ~
「~に反対意見を述べる／批判する」……113

turn **against** ~
「~を裏切る」………………………176

work **against** ~
「~の不利に働く／支障となる」…………180

among

fight **among** themselves
「仲間割れする」……………………192

around

around the clock
「24時間ぶっ通しで」………………… 54

ask **around** ~
「~を聞き回る／尋ね回る」………146

talk **around** that topic
「その話題に触れない」……………… 54

as

do **as** ~
「~として適する」…………………102

look on ~ **as** …
「~を…とみなす」…………………126

make good **as** ~
「~として成功する」………………171

at

at a discount
「割引で」……………………………… 23

at the end
「最後に」……………………………… 22

at the peak of ~
「~の絶頂期に／ピーク時に」……… 60

at the station
「駅に／で」…………………………… 59

be at one's desk
「仕事中である」……………………… 60

call at ~
「~を訪問する」……………………118

finish cleaning at 2:00
「2時に掃除を終わらせる」……………… 21

get at ~
「~に到達する」……………………141

go at ~
「~に襲いかかる／取りかかる」…………110

keep at ~
「~を根気よく続ける」……………………133

leave it at ~
「（それを）~のあたりで切り上げる」…203

make at ~
「~に襲いかかる」……………………………171

meet at about 3:00
「3時頃に会う」……………………… 53

meet at around 3:00
「3時頃に会う」……………………… 53

open at ~
「~に（で）開く」…………………………196

stand at ~
「~を示す／達する」………………………187

stay at ~
「~を頑張る」……………………………130

talk at ~
「~に一方的に話す」……………………163

away

get away from the bus
「バスから離れる」………………………… 83

one step away
「あと一歩のところ」……………………… 84

before

put ~ before …
「…よりも~を優先させる」………………207

behind

be behind bars
「獄中にいる」……………………………… 98

put ~ behind …
「…から~を忘れ去る」……………………207

stand behind ~
「~の後ろに立つ／支持する」……………188

below

below the horizon
「地平線の下に」…………………………… 87

below zero
「零下」………………………………………… 89

between

stand between ~
「~の間に立ちはだかる／邪魔をする」…188

beyond

be beyond description
「筆舌に尽くしがたい」…………………… 98

look beyond ~
「~の先を思い描く」……………………125

by

eat by 5:00
「5時までに食べ終わる」………………… 37

go by car
「車で行く」………………………………… 39

hold by ~
「~に従う／守る」………………………199

leave by tomorrow afternoon
「明日の午後までに出発する」…………… 38

live by ~
「~に頼って生きる／~で生活する」……160

213

during

during the last ten years
「過去10年間」……………………… 50

during the meeting
「会議の間」……………………… 49

for

answer **for** ～
「～の報いを受ける」………………**149**

ask **for** ～
「～を求める／要求する」………………**145**

be made **for** ～
「～向けである」………………**168**

buy a present **for** my son
「息子にプレゼントを買う」……………… 80

call **for** ～
「(協力を)呼びかける／～を要求する」…**117**

do **for** ～
「～の代わりになる」………………**102**

fall **for** ～
「～に引っかかる／だまされる」…………**122**

for a long time
「長い間」……………………… 50

for four hours
「4時間（の間）」……………………… 49

go **for** ～
「～を目指す」………………**110**

head **for** ～
「～へ向かう」……………………… 79

live **for** ～
「～を生きがいにする」………………**160**

look **for** ～
「～を探す」……………………… 51

make a break **for** ～
「～に急いで向かう／逃走する」…………**138**

make **for** ～
「～の方向へ進む／～に役立つ」…………**172**

run for ～
「～に立候補する」………………**183**

speak **for** ～
「～を擁護する／～の代理で話す」………**113**

stand **for** ～
「～を表す／訳す」………………**187**

work **for** ～
「～に勤めている／～に役立つ」…………**180**

from

be made **from** ～
「～から作られる」………………**43、167**

come **from** ～
「～の出身である」………………**105**

from infancy through adolescence
「幼児期から青年期まで」……………… 46

from Monday through Friday
「月曜日から金曜日まで」……………… 45

from Monday to Friday
「月曜日から金曜日まで」……………… 45

from the age of 20
「20歳のときから」……………… 42

get away **from** the bus
「バスから離れる」……………… 83

open **from** 9:00 to 5:00
「9時から5時まで開館する」………… 46

speak **from** ～
「～に基づいて話をする」………………**114**

start **from** 2:00
「2時から始まる」……………… 41

in

arrive **in** time
「時間に間に合う」……………… 25

be dressed **in** blue
「青い服を着る」……………… 61

be **in** ～
「～の中にいる」……………… 97

214

cry in despair
「絶望して泣く」················ 31

fall in ~
「～に落ちる」················· 121

finish cleaning in an hour
「1時間で掃除を終わらせる」······ 21

hold ~ in check
「～を抑制する」················ 200

in mind
「考えて」···················· 65

in my opinion
「私の見解では」················ 72

in no time
「すぐに／たちまち」············· 22

in the box on the desk
「机の上の箱の中に」············· 64

in the end
「結局／最後には」··············· 22

in the morning
「午前中に」··················· 29

in the rainy season
「梅雨どきに」·················· 30

in the right
「正しい／正当である」··········· 68

in the station
「駅に／で」··················· 59

in the street
「道に／路上で」················ 67

in the train
「電車に／で」·················· 63

jump in the pool
「プールの中で跳ぶ」············· 71

leave in an hour
「1時間経ったら出発する」········ 33

live in ~
「～に住む／生きる」············· 159

meet in August
「8月に会う」·················· 26

stay in ~
「～に滞在する」················ 129

write in English
「英語で書く」·················· 35

into

be into ~
「～に夢中である」··············· 97

be made into ~
「～になる」··················· 168

be really into ~
「～に夢中になる」··············· 72

break into ~
「～に不法侵入する／押し入る」···· 138

come into ~
「～の中に入っていく／～という状態になる」··· 106

get into ~
「～に足を踏み入れる／～に巻き込まれる」··· 141

jump into the pool
「プールに飛び込む」············· 71

look into ~
「～を調査する／研究する」········ 126

open into ~
「～へと通じる」················ 195

run into ~
「(人／車などが) ～に衝突する／(人) にばったり出会う／～に陥る」········ 184

talk ~ into …
「～に…するように説得する」······ 163

turn into red
「赤に変わる」·················· 73

work ~ into …
「～を…に組み込む／取り入れる」··· 179

of

be made of ~
「～から作られる」··············· 167

215

from the age of 20
「20 歳のときから」……………………… 42

on the morning of May 1
「5 月 1 日の朝に」……………………… 29

since the age of 20
「20 歳のときから（ずっと）」………… 42

off

get off the bus
「バスから降りる」……………………… 83

keep ~ off …
「~を…から離す／近づけない」………134

leave ~ off …
「~を…から除外する／省く」…………204

off duty
「非番」…………………………………… 84

off the record
「非公式で／非公開で」………………… 85

turn off ~
「~を消す／（電源など）を切る」………175

on

agree on ~
「~に同意する」…………………………154

arrive on time
「定刻に着く／時間通りに着く」………… 25

be on a trip
「旅行中である」………………………… 30

buy on a credit card
「カードで買う」………………………… 76

call on ~
「~を訪問する」…………………………118

fall on ~
「~にあたる」……………………………121

meet on August 20
「8 月 20 日に会う」……………………… 27

meet on Friday
「金曜日に会う」………………………… 26

on one's mind
「気にかかって」………………………… 64

on one's nerves
「イライラさせて」……………………… 69

on the lake
「湖の上に」……………………………… 75

on the morning of May 1
「5 月 1 日の朝に」……………………… 29

on the right
「右側に」………………………………… 68

on the street
「道（の上）に／で」…………………… 67

on the train
「電車に／で」…………………………… 63

talk on the phone
「電話で話す」…………………………… 64

turn on ~
「~をつける／（電源など）を入れる」…175

work on ~
「~に取り組む」…………………………179

over

be over me
「~は私の上司である」………………… 76

get over ~
「~を乗り越える／克服する」…………142

over the fence
「塀を越えて」…………………………… 77

over the lake
「湖の上に」……………………………… 75

talk over ~
「~を飲みながら話す」…………………164

talk over one's head
「~が理解できないことを話す」…………164

since

since 2:00 yesterday
「昨日の 2 時から」……………………… 41

since the age of 20
「20歳のときから(ずっと)」 42

through

break through ~
「~を打ち破る/打破する」................137

come through ~
「~を切り抜ける/乗り越える」............106

fight through ~
「~と戦う」......................................192

from infancy through adolescence
「幼児期から青年期まで」................... 46

from Monday through Friday
「月曜日から金曜日まで」................. 45

go through ~
「~を通り抜ける/通り越す/経験する」... 47

go through the tunnel
「トンネルを通り抜ける」.................... 91

put ~ through ...
「~に…をやり遂げさせる/切り抜けさせる/経験させる」............................208

think through ~
「~をよく考える」............................. 92

through hard work
「苦労して」...................................... 93

to

agree to ~
「~に同意する」................................153

answer to ~
「(人)に対して責任を負う」..............149

be open to ~
「~に向けて公開している」.................195

call to ~
「~に呼びかける」.............................117

fall to ~
「~まで落ちる/~にかかる」..............123

from Monday to Friday
「月曜日から金曜日まで」..................... 45

give a present to my son
「息子にプレゼントをあげる」.............. 80

head to ~
「~へ向かう」.................................... 79

hold to ~
「~を堅持する/守る」........................199

keep to ~
「~に従う/守る」.............................133

leave ~ to ...
「~を…に任せる」..............................203

look to ~
「~を目指す/頼る・あてにする」.........125

open from 9:00 to 5:00
「9時から5時まで開館する」 46

speak to ~
「~に話しかける/講演する/演説する」...114

stay to ~
「~までゆっくりする」........................130

talk to ~
「~と話をする」................................165

to some extent
「ある程度まで」................................ 81

turn to ~
「~に助けを求める/頼る」..................176

under

come under ~
「(プレッシャー・攻撃など)を受ける」...105

live under ~
「~の下で生きる」.............................159

under pressure
「プレッシャーをかけられて」.............. 88

under the table
「テーブルの下に」.............................. 87

217

until

eat until 5:00
「5時までずっと食べ続ける」……… 37

stay until tomorrow afternoon
「明日の午後までずっと滞在する」……… 38

with

agree with ~
「~に賛成する」………………153

answer with ~
「(行為)で答える」………………150

break (up) with ~
「~と関係を断つ／絶交する」………137

do with ~
「~で間に合わせる」………………101

fight with ~
「~と(共に)戦う／~と(敵対して)戦う」…191

go well with ~
「~によく合う／調和する」…………109

hold with ~
「~に賛成する／認める」……………200

keep with ~
「~と調子を合わせる／歩調を合わせる」…134

leave ~ with …
「~を…に預ける／託す」………204

open with ~
「~で始まる」………………196

stay with ~
「~のところ(家)に泊まる」……………129

talk with ~
「~と話をする」………………165

within

get within ~
「~の範囲内に入る」…………………142

leave within an hour
「1時間を超えないうちに出発する」…… 33

within the hour
「今から1時間以内で」………… 34

within walking distance
「歩いていける距離／範囲内で」………… 34

without

do without ~
「~なしですませる」………………101

動詞から引ける索引

agree

agree about ~
「~について意見が一致する」……………154

agree on ~
「~に同意する」………………154

agree to ~
「~に同意する」………………153

agree with ~
「~に賛成する」………………153

answer

answer for ~
「~の報いを受ける」…………………149

answer to ~
「(人)に対して責任を負う」……………149

answer with ~
「(行為)で答える」……………………… **150**

arrive

arrive in time
「時間に間に合う」……………………… **25**

arrive on time
「定刻に着く／時間通りに着く」………… **25**

ask

ask about ~
「～について尋ねる」……………………… **146**

ask after ~
「人の様子／安否を尋ねる」……………… **145**

ask around ~
「～を聞き回る／尋ね回る」……………… **146**

ask for ~
「～を求める／要求する」………………… **145**

be

be at one's desk
「仕事中である」…………………………… **60**

be behind bars
「獄中にいる」……………………………… **98**

be beyond description
「筆舌に尽くしがたい」…………………… **98**

be dressed in blue
「青い服を着る」…………………………… **61**

be in ~
「～の中にいる」…………………………… **97**

be into ~
「～に夢中である」………………………… **97**

be made for ~
「～向けである」…………………………… **168**

be made from ~
「～から作られる」…………………… **43**、**167**

be made into ~
「～になる」………………………………… **168**

be made of ~
「～から作られる」………………………… **167**

be on a trip
「旅行中である」…………………………… **30**

be open to ~
「～に向けて公開している」……………… **195**

be over me
「～は私の上司である」…………………… **76**

be really into ~
「～に夢中になる」………………………… **72**

break

break into ~
「～に不法侵入する／押し入る」………… **138**

break through ~
「～を打ち破る／打破する」……………… **137**

break (up) with ~
「～と関係を断つ／絶交する」…………… **137**

buy

buy a present for my son
「息子にプレゼントを買う」……………… **80**

buy on a credit card
「カードで買う」…………………………… **76**

call

call at ~
「～を訪問する」…………………………… **118**

call for ~
「(協力を)呼びかける／～を要求する」… **117**

call on ~
「～を訪問する」…………………………… **118**

call to ~
「～に呼びかける」………………………… **117**

come

come across ~
「～を偶然見つける／たまたま出くわす」… **107**

219

come from ~
　「~の出身である」………………… **105**

come into ~
　「~の中に入っていく／~という状態になる」… **106**

come through ~
　「~を切り抜ける／乗り越える」………… **106**

come under ~
　「(プレッシャー・攻撃など) を受ける」… **105**

cry

cry in despair
　「絶望して泣く」……………… **31**

do

do as ~
　「~として適する」………………… **102**

do for ~
　「~の代わりになる」…………………… **102**

do with ~
　「~で間に合わせる」………………………… **101**

do without ~
　「~なしですませる」………………………… **101**

eat

eat by 5:00
　「5時までに食べ終わる」………………… **37**

eat until 5:00
　「5時までずっと食べ続ける」…………… **37**

fall

fall for ~
　「~に引っかかる／だまされる」………… **122**

fall in ~
　「~に落ちる」……………………… **121**

fall on ~
　「~にあたる」……………………… **121**

fall to ~
　「~まで落ちる／~にかかる」…………… **123**

fight

fight against ~
　「~に対して戦う」………………………… **191**

fight among themselves
　「仲間割れする」……………………… **192**

fight through ~
　「~と戦う」………………………… **192**

fight with ~
　「~と (共に) 戦う／~と (敵対して) 戦う」… **191**

finish

finish cleaning at 2:00
　「2時に掃除を終わらせる」……………… **21**

finish cleaning in an hour
　「1時間で掃除を終わらせる」…………… **21**

get

get at ~
　「~に到達する」……………………… **141**

get away from the bus
　「バスから離れる」……………………… **83**

get into ~
　「~に足を踏み入れる／~に巻き込まれる」… **141**

get off the bus
　「バスから降りる」……………………… **83**

get over ~
　「~を乗り越える／克服する」…………… **142**

get within ~
　「~の範囲内に入る」……………………… **142**

give

give a present to my son
　「息子にプレゼントをあげる」…………… **80**

go

go across the road
　「道を横切っていく」……………………… **91**

go against ~
「~に反する／反対する」……………**109**

go at ~
「~に襲いかかる／取りかかる」…………**110**

go by car
「車で行く」……………………………… **39**

go for ~
「~を目指す」………………………………**110**

go through ~
「~を通り抜ける／通り越す／経験する」 **47**

go through the tunnel
「トンネルを通り抜ける」………………… **91**

go well with ~
「~によく合う／調和する」………………**109**

hold

hold by ~
「~に従う／守る」…………………………**199**

hold ~ in check
「~を抑制する」……………………………**200**

hold to ~
「~を堅持する／守る」……………………**199**

hold with ~
「~に賛成する／認める」…………………**200**

jump

jump in the pool
「プールの中で跳ぶ」……………………… **71**

jump into the pool
「プールに飛び込む」……………………… **71**

keep

keep at ~
「~を根気よく続ける」……………………**133**

keep ~ off …
「~を…から離す／近づけない」…………**134**

keep to ~
「~に従う／守る」…………………………**133**

keep with ~
「~と調子を合わせる／歩調を合わせる」…**134**

leave

leave by tomorrow afternoon
「明日の午後までに出発する」…………… **38**

leave in an hour
「1時間経ったら出発する」……………… **33**

leave it at …
「(それを)～のあたりで切り上げる」…**203**

leave ~ off …
「~を…から除外する／省く」……………**204**

leave ~ to …
「~を…に任せる」…………………………**203**

leave ~ with …
「~を…に預ける／託す」…………………**204**

leave within an hour
「1時間を超えないうちに出発する」…… **33**

live

live by ~
「~に頼って生きる／~で生活する」……**160**

live for ~
「~を生きがいにする」……………………**160**

live in ~
「~に住む／生きる」………………………**159**

live under ~
「~の下で生きる」…………………………**159**

look

look beyond ~
「~の先を思い描く」………………………**125**

look for ~
「~を探す」………………………………… **51**

look into ~
「~を調査する／研究する」………………**126**

look on ~ as …
「~を…とみなす」…………………………**126**

221

look to ~
「~を目指す／頼る・あてにする」………125

make

make a break for ~
「~に急いで向かう／逃走する」…………138

make after ~
「~を追いかける」……………………………172

make at ~
「~に襲いかかる」……………………………171

make for ~
「~の方向へ進む／~に役立つ」…………172

make good as ~
「~として成功する」…………………………171

meet

meet at about 3:00
「3時頃に会う」……………………………… 53

meet at around 3:00
「3時頃に会う」……………………………… 53

meet in August
「8月に会う」………………………………… 26

meet on August 20
「8月20日に会う」…………………………… 27

meet on Friday
「金曜日に会う」……………………………… 26

open

open at ~
「~に（で）開く」……………………………196

open from 9:00 to 5:00
「9時から5時まで開館する」………… 46

open into ~
「~へと通じる」………………………………195

open with ~
「~で始まる」…………………………………196

put

put ~ before …
「…よりも~を優先させる」………………207

put ~ behind …
「…から~を忘れ去る」……………………207

put ~ through …
「~に…をやり遂げさせる／切り抜けさせる／経験させる」………………………………208

run

run after ~
「~を追跡する」………………………………184

run against ~
「~に対抗する／不利になる」……………183

run for ~
「~に立候補する」……………………………183

run into ~
「（人／車などが）~に衝突する／（人）にばったり出会う／~に陥る」…………………184

speak

speak against ~
「~に反対意見を述べる／批判する」……113

speak for ~
「~を擁護する／~の代理で話す」………113

speak from ~
「~に基づいて話をする」…………………114

speak to ~
「~に話しかける／講演する・演説する」…114

stand

stand at ~
「~を示す／達する」…………………………187

stand behind ~
「~の後ろに立つ／支持する」……………188

stand between ~
「~の間に立ちはだかる／邪魔をする」…188

stand for ~
「~を表す／訳す」……………………**187**

start

start from 2:00
「2時から始まる」…………………………… **41**

stay

stay at ~
「~を頑張る」………………………………**130**

stay in ~
「~に滞在する」……………………………**129**

stay to ~
「~までゆっくりする」……………………**130**

stay until tomorrow afternoon
「明日の午後までずっと滞在する」……… **38**

stay with ~
「~のところ（家）に泊まる」……………**129**

talk

talk around that topic
「その話題に触れない」…………………… **54**

talk at ~
「~に一方的に話す」………………………**163**

talk ~ into …
「~に…するように説得する」……………**163**

talk on the phone
「電話で話す」……………………………… **64**

talk over ~
「~を飲みながら話す」……………………**164**

talk over one's head
「~が理解できないことを話す」…………**164**

talk to ~
「~と話をする」……………………………**165**

talk with ~
「~と話をする」……………………………**165**

think

think through ~
「~をよく考える」………………………… **92**

turn

turn against ~
「~を裏切る」………………………………**176**

turn into red
「赤に変わる」……………………………… **73**

turn off ~
「~を消す／（電源など）を切る」………**175**

turn on ~
「~をつける／（電源など）を入れる」…**175**

turn to ~
「~に助けを求める／頼る」………………**176**

work

work against ~
「~の不利に働く／支障となる」…………**180**

work for ~
「~に勤めている／~に役立つ」…………**180**

work ~ into …
「~を…に組み込む／取り入れる」………**179**

work on ~
「~に取り組む」……………………………**179**

write

write in English
「英語で書く」……………………………… **35**

223

●著者紹介

デイビッド・セイン

[David A.Thayne]

米国出身。社会学修士。日米会話学院などでの豊富な教授経験を活かし、数多くの英会話関係書籍を執筆。英語を中心に、さまざまな企画を実現する、有限会社エートゥーゼットを主宰。豊富なアイディアと行動力で、書籍・雑誌の執筆・翻訳からウェブコンテンツ制作まで、マルチに活躍中。著書に『日本人のちょっとヘンな英語』(アスコム)、『ネイティブが教える英語の語法とライティング』(研究社)、『英文法 ネイティブが教えるとこうなります』(NHK出版) など100点以上。

● エートゥーゼット英語学校のHP　http://atozenglish.jp/

●イラストレーター紹介

高山わたる

[たかやま わたる]

9月1日生まれのA型。広告イラストや学習書マンガを中心に活動中。
好きな動物は、犬とちんあなごとメンダコ。
おもな著書に『笑って韓国語マスター ぷに韓』(中経出版) がある。

- ●執筆協力────窪嶋優子　マルコム・ヘンドリックス (有限会社エートゥーゼット)
- ●デザイン────株式会社 ELENA Lab.
- ●編集・DTP────株式会社エディポック

ネイティブはこう使う！ マンガでわかる前置詞

2013年4月10日発行　第1版
2014年7月25日発行　第1版　第8刷

- ●著　者────デイビッド・セイン
- ●発行者────若松 和紀
- ●発行所────株式会社西東社

〒113-0034 東京都文京区湯島2-3-13
営業部：TEL (03) 5800-3120　　FAX (03) 5800-3128
編集部：TEL (03) 5800-3121　　FAX (03) 5800-3125
URL：http://www.seitosha.co.jp/

本書の内容の一部あるいは全部を無断でコピー、データファイル化することは、法律で認められた場合をのぞき、著作者及び出版社の権利を侵害することになります。
第三者による電子データ化、電子書籍化はいかなる場合も認められておりません。
落丁・乱丁本は、小社「営業部」宛にご送付ください。送料小社負担にて、お取替えいたします。

ISBN978-4-7916-2004-3